Hermann Schulze-Delitzsch

Die Gesetzgebung über die privatrechtliche Stellung der Erwerbs-

und Wirthschaftsgenossenschaften. Mit besonderer Rücksicht auf die Haftpflicht bei kommerziellen Gesellschaften.

Hermann Schulze-Delitzsch

Die Gesetzgebung über die privatrechtliche Stellung der Erwerbs-
und Wirthschaftsgenossenschaften. Mit besonderer Rücksicht auf die Haftpflicht bei
kommerziellen Gesellschaften.

ISBN/EAN: 9783743651807

Hergestellt in Europa, USA, Kanada, Australien, Japan

Cover: Foto ©Suzi / pixelio.de

Weitere Bücher finden Sie auf **www.hansebooks.com**

Die Gesetzgebung

über die

privatrechtliche Stellung

der

Erwerbs- und Wirthschaftsgenossenschaften.

Die Gesetzgebung

über die privatrechtliche Stellung

der

Erwerbs- und Wirthschaftsgenossenschaften

mit besonderer Rücksicht

auf die Haftpflicht bei kommerziellen Gesellschaften

von

Schulze-Delitzsch,
derzeitigem Genossenschafts-Anwalt.

BERLIN,
Verlag von F. A. Herbig.
1869.

Vorwort.

Mitten unter parlamentarischen und gehäuften Berufsarbeiten, veranlasst durch die Umformung der Genossenschaften in den Ländern des Norddeutschen Bundes, in Gemässheit des Gesetzes vom 4. Juli dieses Jahres, musste sich der Verfasser zur Veröffentlichung dieses Buches entschliessen, sollte dasselbe seinen Hauptzweck nicht verfehlen. Es ist dies kein anderer, als die Mitwirkung zu einer möglichst einheitlichen Gesetzgebung über die privatrechtliche Stellung der *Deutschen Erwerbs- und Wirthschaftsgenossenschaften*, die im Verkehr unserer Tage eine solche Bedeutung gewonnen haben. Ueberall ist diese Gesetzgebung in unserem Vaterlande im Fluss. In *Oesterreich* und *Baiern* liegen den Kammern dessfalsige Entwürfe der Regierungen vor, in *Würtemberg*, *Baden* und *Hessen* sind sie in nächster Zeit zu erwarten, und von einer Anzahl einflussreicher Kammermitglieder dieser Staaten gelangten die Aufforderungen zu schleuniger Beschaffung des einschlagenden Materials an den Verfasser, als den Anwalt des *Allgemeinen Deutschen Genossenschaftsverbandes*, welcher seine Wirksamkeit über die politischen Grenzen der deutschen Einzelstaaten hinaus auf das gesammte Vaterland erstreckt. Er hat geglaubt, ihnen selbst um den Preis einer flüchtigeren Arbeit genügen zu sollen, als er sie bei etwas mehr Musse zu liefern im Stande gewesen wäre, um nicht auf jede Einwirkung zur Befriedigung eines nationalen Bedürfnisses verzichten zu müssen. Denn wenn schon die materiellen Interessen gebieten, die Gesetzgebung über die neue kommerzielle Gesellschaftsform dem Allgemeinen Deutschen Handelsrecht

möglichst einheitlich einzuordnen: so drängt insbesondere die tief
humane Seite der Genossenschaftsbewegung, ihre soziale Bedeutung, der echt Deutsche Zug ihrer Gestaltung darauf hin: ihre
gesetzliche Anerkennung gemeinsam als nationale Aufgabe zu behandeln, und das im Deutschen Norden, als der Wiege des Ge-
nossenschaftswesens, mit den Erfahrungen von zwei Jahrzehnten
Begonnene als Ausgangspunkt dabei zu Grunde zu legen.

In diesem Sinne glaubt der Verfasser die Beachtung seiner
Kollegen in den Deutschen Landesvertretungen und aller Freunde
der Genossenschaften auf dieses Buch und die von ihm alljährlich veröffentlichten „*Jahresberichte über die Deutschen Erwerbs-
und Wirthschaftsgenossenschaften (Leipzig bei G. Mayer)* lenken
zu dürfen, welche letztere die statistischen Belege zu den nachfolgenden Ausführungen enthalten.

Berlin im Dezember 1868.

Schulze-Delitzsch.

Inhalt des I. Heftes.

Seite

Einleitung.

Der Entwickelungsgang der neuen Industrie, ja der ganzen modernen Wirthschaft, drängt von zwei entgegengesetzten Seiten nach Gestaltungen hin, welche, wenn auch nicht ihrem Princip nach, doch in ihrer gegenwärtigen Anwendung auf wirthschaftliche Zwecke sich als neue Formen des *gesellschaftlichen Geschäftsbetriebes* darstellen, der einen so wichtigen Theil unseres Handelsrechts in Anspruch nimmt. Es sind die *Genossenschaften* (Associationen), in welchen hier eine Anzahl von *Kapitalisten* bereite Mittel zu grossartigen Unternehmungen zusammenschiesst; dort *Arbeiter* und *kleine Gewerbsleute* in grösseren Gruppen zusammentreten, um sich zu Kapitalwirthschaft und Grossbetrieb erst den Weg zu bahnen. Nur im Grossbetriebe ist die volle Anwendung der gewaltigen Hülfsmittel der neuen Industrie, nur im Grossbezuge bis zu einem gewissen Grade selbst ein *Haushalten* unter Bedingungen möglich, wie sie zu normaler Erhaltung und Emporkommen ganzer Bevölkerungsklassen in unseren Tagen unerlässlich sind. Zu solchem Umfange dehnen sich in Folge dessen insbesondere die gewerblichen Etablissements aus, dass die Einzelkräfte, selbst Bemittelter, in vielen Fällen dazu nicht mehr genügen. In noch höherem Grade aber werden die kleineren Gewerbsleute, die Handwerker und Arbeiter dadurch betroffen. Von Tage zu Tage wird dem Kleinbetrieb eine Gewerbsbranche nach der anderen abge-

wonnen, machen die gesteigerten Anforderungen an das geschäftliche Anlage- und Betriebs-Kapital die Erringung und Erhaltung
gewerblicher Selbstständigkeit schwieriger, die erhöhten Preise der
Lebensmittel und Arbeitsstoffe den Bezug im Kleinen unvortheil-
hafter. Vor allen Andern fühlen sich daher diese Klassen unwiderstehlich zur Vereinigung ihrer geringen Mittel und Kräfte hinge-
drängt, als dem einzig wirksamen Hebel zur Sicherung ihrer
wirthschaftlichen Lage, zur Hebung ihrer gesellschaftlichen Stellung.

Es konnte nicht fehlen, dass die durch die Praxis in über-
raschender Weise bewährte Lebensfähigkeit und wirthschaftliche
Bedeutung der neuen Schöpfungen ihre staatliche Anerkennung
mittelst der Gesetzgebung nach sich ziehen mussten, und ebenso
natürlich war es, dass die *Kapitalgenossenschaften* in der Form
von *Aktiengesellschaften* diese Anerkennung zuerst erlangten. Sowohl der Zeit der Entstehung nach, wie in ihrer Ausbildung waren
sie den andern voraus, und überdem konnte man ohne sie mit
einer Menge der drängendsten Aufgaben im Wege der Privatunternehmungen gar nicht fertig werden. Wenn ihnen indessen
die *Personalgenossenschaften* des kleinen Gewerb- und Arbeiter-
Standes hierin nachstanden, und dies auch für die nächste Zukunft
noch der Fall sein mag, so haben dieselben neuerdings doch eine
Verbreitung gefunden und Leistungen aufzuweisen, welche eine
grossartige Entwickelung versprechen und die höchste Beachtung
verdienen. Waren es die materiellen Interessen auf welche sich
die Berechtigung, ja die Unentbehrlichkeit der Kapitalgenossenschaft stützt, so erfüllen die Personalgenossenschaften eine andere
mindestens ebenso wesentliche Mission für unser Gesellschaftsleben.
Indem sie die arbeitenden Klassen auf den allein richtigen Weg
zur Abhülfe der drückenden Missstände in ihrer Lage leiten,
auf den des Emporkommens, durch eigene Kraft und Tüchtigkeit,
bewahren sie uns vor dem Unheil eines allverwirrenden Conflicts,
der die Gesellschaft in ihren Tiefen erschüttern und alle Cultur-
Errungenschaften unserer Zeit auf lange hinaus in Frage stellen
würde. Dies zusammen genommen liess die endliche Sicherung
der privatrechtlichen Stellung dieses Zweigs der Genossenschaften
als eine nicht länger aufzuschiebende Pflicht des Staates erscheinen,

und so ist gegenwärtig in *Deutschland* und *Frankreich* die Gesetzgebung auf diesem Felde in Fluss, nachdem *England*, in welchem
die Genossenschaftsbewegung zuerst auftrat, schon vor Jahren damit voraufgegangen war. Die verschiedenen Richtungen, welche
diese legislativen Arbeiten verfolgen, von denen ein Theil noch nicht
zum Abschluss gelangt ist, fordern zu einer vergleichenden Kritik
derselben, besonders der vaterländischen auf. Es gilt die deutsche
Genossenschaftsbewegung soviel als möglich vor Abwegen zu bewahren, welche von den bisher innegehaltenen Bahnen, denen sie
ihre grossen Erfolge verdankt, in bedenklicher Weise ablenken.
Besonders kommt es darauf an, die verworrenen Vorstellungen zu
klären, welche über die in den fraglichen Gesetzen festzuhaltende
Haftbasis der Genossenschaften noch vielfach obwalten, wobei wir
auf die für *commercielle Gesellschaften* überhaupt in diesem
Punkte geltenden Prinzipien einzugehen haben werden.

Die Gesetze und Gesetzentwürfe, welche den Gegenstand unserer Erörterung abgeben, sind:

1) Gesetz für die *Staaten des Norddeutschen Bundes* über
die privatrechtliche Stellung der Erwerbs- und Wirthschaftsgenossenschaften vom 4. Juli 1868 (Bundesgesetzblatt, Seite 415).

2) Das Gesetz für das *Königreich Sachsen*, die juristischen
Personen betreffend, vom 15. Juni 1868 (Gesetz und Verordnungs-
blatt von 1868, Seite 315).

3) Der Gesetzentwurf der Königlich *Bairischen* Regierung,
die Privatrechtsverhältnisse der Genossenschaften betreffend, vom
Frühjahr 1868.

4) Der Gesetzentwurf der Kaiserlich *Oesterreichischen* Regie-
rung über Aktiengesellschaften und Kommanditgesellschaften auf
Aktien, dann über Erwerbs- und Wirthschaftsgenossenschaften vom
Sommer dieses Jahres.

5) Das *Französische Gesetz* vom 24. Juli 1867 „sur les sociétés".

6) Die *Englischen* Akte vom 7. August 1862 a) zur Con-
solidirung und Verbesserung der auf Industrial und Provident
Societies bezüglichen Gesetze, Anno 25/26, Victoria regina cap.
LXXXVII; b) über Handels- und andere Gesellschaften (Companies Act) cap. LXXXIX.

Hierbei war das *Preussische Genossenschaftsgesetz vom 27. März 1867*, welches die Sache auf unserem Continent zuerst in Angriff nahm, nicht besonders zu berücksichtigen, sondern nur in Verbindung mit dem Norddeutschen Gesetze, in welchem es vollständig aufgegangen, ja, mit Ausnahme einiger amendirter Stellen und eines wesentlichen Zusatzes, fast wörtlich reproducirt ist. Dagegen wird es unumgänglich, das *Sächsische Gesetz* in dem Bereich unserer Erörterungen zu ziehen, indem dasselbe, obschon auch Sachsen zu den Ländern des Norddeutschen Bundes gehört, eine neben dem Bundesgesetze herlaufende dauernde Gültigkeit prätendirt, was uns nöthigt, die *Kompetenzfrage* mit zur Besprechung zu bringen.

I.

Die Oekonomie des Gesetzes.

Nach diesen Vorausschickungen beginnen wir mit Vergleichung der bez. gesetzgeberischen Arbeiten in der Fassung und Begrenzung ihrer Aufgabe, mit der *Oekonomie* des Gesetzes, der Anordnung und Verknüpfung des Stoffes, der dem Gesetzgeber vorlag. Natürlich wird hierbei von richtiger Auffassung des rechtlichen und wirthschaftlichen Charakters der Genossenschaft, der unterscheidenden Merkmale derselben in Bezug auf andere verwandte Rechtsinstitute auszugehen sein, da jede Begriffsverwirrung hierin mit Nothwendigkeit auf die gesetzgeberische Behandlung zurückwirkt.

Rechtlicher und wirthschaftlicher Charakter der Genossenschaft.

Der Hauptunterschied zwischen der *Genossenschaft* im Allgemeinen, beide Arten derselben, die *Kapital-* und *Personal-*Genossenschaft, inbegriffen, und der *Societät* des Röm. Deutschen Privatrechts sowie deren Unterart, der offenen *Handelsgesellschaft* des Allgem. Deutschen Handelsgesetzbuchs (société en nom collectif des Französischen Code de commerce) liegt in dem völlig entgegengesetzten Vergesellschaftungsprinzip. Die *Societät*, ihrer Tendenz nach exclusiv, beschränkt sich auf eine kleinere Anzahl bestimmter Personen, welche dergestallt ausschliesslich Träger des Unternehmens sind, dass eine Aenderung in ihnen den Fortbestand der Gesellschaft alterirt und in der Regel zur Auflösung der alten und Konstituirung einer anderweiten neuen Verbindung führt.

Demgemäss setzt sie die genaueste Bekanntschaft der Gesellschafter mit ihren gegenseitigen Verhältnissen und Leistungen voraus, indem auf Besitz und Kapacität ganz bestimmter Persönlichkeiten das ganze Societäts-Geschäft berechnet ist, und man sicher nicht mit mehr Personen dessen Vortheile wird theilen wollen, als man dazu braucht. Dagegen tritt bei den Genossenschaften die Persönlichkeit der einzelnen Mitglieder völlig zurück, und ihr Bestand wird durch den Zu- und Abgang nicht alterirt. Vielmehr knüpft man Beides an gewisse allgemeine, für Jedermann erfüllbare Bedingungen und wird in den meisten Fällen die geschäftlichen Zwecke der Verbindung durch deren möglichste Ausbreitung am Vollständigsten und Vortheilhaftesten erreichen. Hierdurch ordnen sich die Genossenschaften dem Gesellschaftsprinzipe nach den *Vereinen* unter. Wie bei diesen, findet, nach dem in Deutschland gemeingültigem Recht *), die Ordnung ihrer innern Angelegenheiten durch Majoritätsbeschlüsse und die Geschäftsverwaltung durch erwählte Vorstände und Bevollmächtigte Statt, während ihr Verhältniss nach Aussen von Verleihung der rechtlichen Persönlichkeit abhängt. Was indessen die Genossenschaften von allen übrigen Arten der Vereine unterscheidet, ihr ausschliessliches Merkmal bildet, ist der *Zweck* derselben, der in einem *kommerziellen Geschäftsbetriebe* besteht. Einen solchen setzte die bisherige Gesetzgebung niemals bei einem Vereine voraus, und eben desshalb passt sie nicht auf die Genossenschaften, diese *Vereine mit Geschäftsbetrieb*. Wie man daher seiner Zeit zur Erlassung besonderer Gesetzesbestimmungen für die *Kapitalgenossenschaften* genöthigt war, so befand und befindet man sich nunmehr in derselben Nothwendigkeit den *Personalgenossenschaften* gegenüber. Denn dass die letzteren den für die ersteren als *Aktiengesellschaften* erlassenen Gesetzen nicht untergeordnet werden können, darüber muss man doch wohl überall im Klaren gewesen sein, indem man ja ohnedem zu dem Erlass der fraglichen neuen Gesetze zu schreiten nicht nöthig gehabt hätte. Wirklich scheiden sich auch beide

---

*) Im Preussischen Allgemeinen Landrecht Th. II. Tit. 6 sachgemäss zusammengefasst, unter Qualificirung der Vereine als *erlaubter Privatgesellschaften*.

ungeachtet der Gemeinsamkeit im Gesellschaftsprinzip und geschäftlichen Zwecke, auf das Schärfste, hinsichtlich der thatsächlich an
sie gewiesenen Gesellschaftsklassen. Die im Eingange angedeutete
durchaus verschiedene finanzielle Lage der bei der *Personal-* und
der bei der *Kapitalgenossenschaft* vorzugsweise betheiligten Elemente zieht nämlich in sehr wesentlichen Punkten einen Gegensatz in den wirthschaftlichen Aufgaben, sowie besonders in Aufbringung der zur Lösung dieser Aufgaben erforderlichen Mittel
bei beiden nach sich, woraus sich ganz entgegengesetzte Bedürfnisse hinsichtlich ihrer privatrechtlichen Stellung ergeben: ein Punkt
mit dem wir uns noch besonders zu beschäftigen haben.

Hiernach erhalten wir für die legislatorische Behandlung der
Materie einen bestimmten Richtpunkt. Der durchgreifende Unterschied, welcher die Genossenschaften von allen übrigen Arten der
Vereine trennt, *der Betrieb eines kommerziellen Geschäfts*, lässt
es nicht wohl thunlich erscheinen, sie mit den letztern bei Regelung der privatrechtlichen Stellung unter denselben legislatorischen
Gesichtspunkt zusammenzufassen, wie dies die gemeinsame Behandlung in einem und demselben Gesetze voraussetzt. Vielmehr bedingt die Verschiedenartigkeit im Zwecke eine Verschiedenartigkeit
in der Organisation, in der Summe und dem Charakter derjenigen
Einrichtungen, welche zur Erreichung des Zweckes erforderlich
sind. Dies aber zieht mit Nothwendigkeit eine durchaus verschiedene Bemessung von Rechten und Pflichten für die eine wie für
die andere Klasse Seitens der Gesetzgebung nach sich, wenn man
dem praktischen Bedürfniss gerecht werden will. Durch ihren
kommerziellen Charakter ordnen sich einmal die Genossenschaften
in ein besonderes von dem der übrigen Vereine scharf abgegrenztes
Lebens- und Rechtsgebiet ein, in das von *Wirthschaft und Erwerb*,
in welchem zur Wirksamkeit wie zur Sicherheit der einschlagenden Geschäftsoperationen überall besondere Rechtsnormen zur Anwendung kommen. So werden an die Haftbasis kommerzieller
Gesellschaften wie an ihre Vertretung nach Aussen gewisse Forderungen gestellt, so tritt die Bildung eines Geschäftskapitals bei
ihnen in den Vordergrund: Dinge, welche sich bei andern Vereinen
ganz anders gestalten. Eben deshalb hat sich für das bezeichnete

Feld menschlicher Thätigkeit durch allgemein gültige Bräuche
und Specialgesetze ein geschlossenes Rechtssystem gebildet, welches zumeist (man vergl. das *Allgem. Deutsche Handelsgesetzbuch,*
den *Französischen Code de commerce* u. a.) sogar äusserlich von
der sonstigen Civilgesetzgebung geschieden ist. Und wenn · in
diesem System des *Handels-* und *Gewerbsrechtes* bereits die *Kapitalgenossenschaften* ihre Stellung gefunden haben, so wird es um
so weniger angänglich sein, die *Personalgenossenschaften* davon
auszuscheiden, welche ebenso unbestritten dahin gehören. Im
Gegentheil gilt es, in Berücksichtigung deren eigenthümlichen
Wesens, die allgemein erprobten Prinzipien des Handelsrechts auf
sie ebenfalls in Anwendung zu bringen und ihnen so zu den grossen
Rechten anerkannter Handelsgesellschaften, selbstverständlich unter
Auferlegung der denselben im öffentlichen Interesse · zugemessenen
Pflichten, den Weg zu bahnen.

In der That hat sich auch diese natürliche Zugehörigkeit der
Genossenschaften zum Handels- und Gewerbswesen in · allen uns
vorliegenden Gesetzen und Entwürfen von selbst zur Geltung gebracht. Trotz ihrer sonstigen Verschiedenheit lässt sich nämlich
der dahin gehende ihnen allen gemeinsame Zug in einem Haupt-
stücke nicht verkennen, in welchem sie alle übereinstimmen. Es
sind dies die den Genossenschaften gewährten Rechte, welche von
den bez. Gesetzen etc. durchweg denen der anerkannten Handelsgesellschaften gleichgestellt sind. Durch Beobachtung der vorgeschriebenen Normativbedingungen und Einreichung und Veröffentlichung ihrer darnach eingerichteten Gesellschaftsverträge (Statuten)
bei der Behörde, erlangen die Genossenschaften Rechts- und Ver-
mögensfähigkeit, rechtliche Persönlichkeit in gewissem Sinne, können auf ihren Namen Rechte erwerben und Verbindlichkeiten
eingehen, klagen und verklagt werden u. s. w., ganz wie es ihrem
geschäftlichen Bedürfniss entspricht. Ja die *Deutschen Gesetze*
und *Entwürfe* ohne Ausnahme ordnen dies alles genau nach dem
Allgem. *Deutschen Handelsgesetzbuche,* welchem sie auch alle
Formen entnommen haben, an deren Beobachtung die bez. Stellung
geknüpft ist, nämlich: Einreichung des Gesellschaftsvertrags beim
Handelsgericht und Eintragung der für das Publikum wichtigsten,

auf die Haftpflicht, die Legitimation der Vertreter etc., bezüglichen Punkte in ein besonderes beim Gericht geführtes *Genossenschaftsregister*, welches nach Analogie des in dem gen. Gesetzbuche eingeführten Handelsregisters gebildet ist und sogar einen Theil dieses letztern ausmacht. Wer sieht nicht hieraus, wie der kommerzielle Charakter des Instituts die Gesetzgeber unwillkürlich auf diese Bahn gedrängt hat, die sie indessen entweder gar nicht, oder in sehr auseinandergehenden Richtungen weiter verfolgten, als es galt, die *Bedingungen* und *Folgen* der Unterstellung unter das Gesetz zu regeln, die mit den gewährten Rechten verbundenen *Pflichten* zu bemessen: Punkte, hinsichtlich deren die erwähnten legislatorischen Akte im vollen Gegensatz zu einander stehen.

Dass und wie diese Verschiedenheit auch formell auf die Oekonomie der erlassenen oder beabsichtigten Gesetze einwirken musste, haben wir bereits angedeutet. In dieser Beziehung scheiden sich dieselben nach den vorstehenden Gesichtspunkten in *zwei Hauptgruppen*. Zu der *ersten* gehören das *Sächsische Gesetz* und der *Bairische Entwurf*, in gewisser Hinsicht auch die Englische *Companies-Acte*, welche der vorstehend vertretenen Ansicht entgegen, die privatrechtliche Stellung der Genossenschaften mit der aller andern Vereine zusammen in demselben legislatorischen Akt regeln. Die *zweite* umfasst die übrigen Gesetze etc., welche sämmtlich den kommerziellen Charakter der Genossenschaften festhalten und deren Vermischung mit fremdartigen Instituten vermeiden.

Wir lassen die Behandlung jeder dieser Gruppen gesondert folgen.

Erste Gruppe.

Der Gesetzentwurf der Bairischen Regierung.

Zu welchen Unzuträglichkeiten die von uns gerügte Vermengung führt, tritt am Stärksten in dem *Bairischen Entwurfe* hervor, der die verschiedenartigsten Vereine gleichmässig behandelt, sobald nur das Moment der nicht geschlossenen Mitgliederzahl bei ihnen zutrifft.

So beginnt derselbe in Art. 1. gleich damit, alle solche

„*Vereinigungen zu wirthschaftlichen Wohlthätigkeits-, Bildungs-, religiösen und geselligen, oder sonstigen erlaubten Zweken*, wenn sie nur nicht *Actiengesellschaften* oder *öffentliche Corporationen* sind, als *Genossenschaften* zu bezeichnen, wodurch er offenbar *Vereine* und *Genossenschaften* — Genus und Species — zusammenwirft, während letztere doch nur eine Unterart der ersten sind. Mag auch nach dem ursprünglichen Wortsinn Beides als gleichbedeutend gebraucht werden können, so hat sich doch seit dem Aufkommen der neuen Verkehrsform nach allgemeinem Sprachgebrauche, welchem sich bereits Wissenschaft und Gesetzgebung angeschlossen haben, der Name „*Genossenschaft*" speziell für die wirthschaftlichen Vereine, entsprechend dem Französischen und Englischen *Association*, bei uns einmal eingebürgert. Eine solche technische Bezeichnung festzuhalten, hat aber Niemand mehr Ursache als der Gesetzgeber, dem es vor Allen um solche fest abgegrenzte Begriffe in der Gesetzsprache zu thun sein muss, um der Rechtsverwirrung vorzubeugen, welche sich andernfalls so leicht einschleicht. Mögen wir aber auch diesem Fehlgriff in der Begriffsbestimmung nur eine untergeordnete Bedeutung beilegen, so treten uns doch die praktischen Consequenzen davon fast in jedem Artikel des Gesetzentwurfes entgegen, indem derselbe die oben aufgeführten ganz heterogenen Institute nicht blos der Form, sondern der Sache nach, nicht blos dem Namen, sondern der That nach vermengt, und sie unter dieselben Rechtsformen stellt. Dass aber beispielsweise eine *Religionsgesellschaft* bei Regelung ihrer privatrechtlichen Verhältnisse andere Bedürfnisse hat, als ein *Bankgeschäft*, oder ein genossenschaftlicher *Victualienladen*; eine *Ressource* oder ein *Bildungsverein* andere als eine *Genossenschaftsfabrik*, versteht sich von selbst, und es ist bisher Niemandem eingefallen, solche Gegensätze in einem und demselben Gesetze verschmelzen zu wollen, ebensowenig wie *Wohlthätigkeitsvereine* und *Almosenanstalten* mit Instituten der *wirthschaftlichen Selbsthülfe* zusammenzuwerfen. Dass dies dahin führt, dem Wesen aller dieser verschiedenen Vereinsgattungen Gewalt anzuthun und den Bedürfnissen keiner gerecht zu werden, ergiebt schon eine flüchtige Erwägung. Es kann nicht fehlen, dass für die Genossenschaften aus der nicht durchgreifenden Berücksichtigung ihres commerziellen Charakters grosse Unzuträglichkeiten entstehen, von denen die auf die Haftbasis bezüglichen uns in den nächsten Abschnitten beschäftigen werden. Dagegen leiden wiederum die andern Klasse von Vereinen darunter, dass eine Menge von Detail aus dem Preussischen Genossenschaftsgesetz meist wörtlich herüber genommen worden ist, welches nur für kommerzielle Genossenschaften passt, so dass das Gesetz nach keiner Seite hin befriedigt. Zum Beleg dessen wollen wir einige Hauptpunkte herausgreifen.

Der erste davon betrifft, die *Vertretung der Genossenschaften nach Aussen* durch den Vorstand, welche in den Art. 12—16 des Entwurfs wie im Preuss. Norddeutschen Genossenschaftsgesetz, genau nach den Bestimmungen des *Allgem. Deutschen Handelsges. Buchs* geordnet ist, aber eben desshalb wohl dem Wesen der wirthschaftlichen Genossenschaften entspricht, den Interessen derjenigen Vereine aber, die dies nicht sind, durchaus widerstreitet.

In dieser Hinsicht gilt nämlich im Handelsrecht der im *Deutschen Allgem. Handelsgesetzbuch* consequent durchgeführte Grundsatz:

„dass jede zu einem kommerziellen Geschäftsbetrieb vereinigte Gesellschaft durch die Handlungen ihrer Vertreter, dritten Personen gegenüber, unbedingt verpflichtet wird, und dass alle in dem Gesellschaftsvertrage hierin enthaltenen Beschränkungen diese Vertreter nur der Gesellschaft gegenüber binden, sie zwar gegen diese regresspflichtig, nicht aber das abgeschlossene Geschäft ungültig machen, vielmehr alle darin übernommene Verpflichtungen von der Gesellschaft anerkannt werden müssen." ·

Der Grund hiervon liegt offenbar in der Rücksicht: dass ein gesunder Kommerz vor allem Einfachheit und Zuverlässigkeit in seinen Rechtsformen erfordert, dass namentlich verwickelte Informationen über die Legitimation der Paciscenten, von welcher die Rechtsverbindlichkeit von deren Geschäftsabschlüssen abhängt, vermieden werden müssen, weil man sonst Hinterziehungen und chikanösen Einwendungen aller Art Eingang schafft, und durch die Unsicherheit der einzelnen Geschäftsabschlüsse die geschäftliche

Solidität im Ganzen leidet. Dem will das *Allgem. Deutsche Handelsgesetzbuch* und das darnach eingerichtete *Preussisch-Norddeutsche Genossenschaftsgesetz* vorbeugen. Hat man sich aus dem darnach von den Gerichten geführten *Handels- resp. Genossenschaftsregister* über die Personen der Vorstände einmal vergewissert, so soll man ohne alle Gefährde Geschäfte jeder Art mit ihnen abschliessen können, welche für die Gesellschaft rechtsverbindlich sind, indem die letztere für eine dabei vorgekommene Ueberschreitung von Befugnissen Seitens der Vorstände nur an deren Personen sich halten kann. Aber wenn der kommerzielle Charakter der eigentlichen Genossenschaften die Anwendung dieses Vertretungsprinzips bei ihnen durchaus angemessen erscheinen liess, so bleibt es geradezu unerfindlich, wie der Entwurf dazu kommt, dasselbe auf diejenigen Vereine anzuwenden, welche — und das ist die Mehrzahl — zu Handelssachen in gar keiner Beziehung stehen, und deren Vorständen — z. B. bei *Religionsgesellschaften, Casino's, Armen-, Bildungsvereinen* u. dergl. — eine solche Machtbefugniss einzuräumen. Vielmehr wird hier allen Erfordernissen einer geordneten Verwaltung genügt, wenn in den Satzungen die Vertretungsbefugniss der Vorstände etc. vollmachtsmässig auf bestimmte Akte, Geschäfte gewisser Art, oder bis zu einem gewissen Belaufe beschränkt, und bei wichtigen Abschlüssen die Mitwirkung anderer Vereinsorgane z. B. eines Aufsichtsrathes, der Generalversammlung u. a. zur Rechtsgültigkeit erfordert wird, . wie dies unter andern bei Gemeinden und Corporationen die Regel bildet. Wirklich fehlt es an jedem innern Grunde, hiervon bei den angeführten nicht kommerziellen Vereinen abzugehen und sie Gefahren auszusetzen, deren Vorbeugung eine stetige, detaillirte, Zeit und Geld raubende Kontrole erfordert, wie sie von kaufmännisch organisirten Verwaltungen gehandhabt werden muss. Die bei ihnen nur höchst vereinzelt vorkommenden Negociationen greifen nicht in das weit verzweigte Getriebe des kommerziellen Verkehrs ein, bilden nicht den Gegenstand der Vereinsthätigkeit, wie bei kommerziellen Gesellschaften, sondern sind nur das Mittel, welches zur Erreichung der anderweiten, dem wirthschaftlichen Verkehr ganz fern stehenden Vereinszwecke in sehr vereinzelten

Fällen angewendet wird, wo dann die Prüfung der mandatsmässigen Befugnisse der Vereinsvertreter, Seitens der Betheiligten, jedesmal rechtfüglich Statt finden kann.

Sodann kommen die sehr wichtigen Fragen wegen Führung und Beweiskraft von *Handelsbüchern*, Aufstellung der *Bilanz, Gewinnberechnung, Firmenrecht* und dergl. in Betracht, welche bei Handels- und kommerziellen Gesellschaften natürlich anders, wie bei Vereinen ohne Geschäftsbetrieb zu regeln sind. Hierüber verordnet der Entwurf in Art. 2., No. 8. weiter nichts, als:

> „dass das Statut Bestimmungen über Stellung und Prüfung der Rechnung enthalten muss."

Dass dies für wirkliche Genossenschaften nicht genügt, diese vielmehr im allgemeinen Interesse in Bezug auf Rechte und Pflichten hierbei den Kaufleuten gesetzlich gleichzustellen sind, folgt aus ihrem wirthschaftlichen Charakter von selbst.

Endlich enthält der Entwurf in Art. 30. die ganz exorbitante Bestimmung für alle in demselben zusammengefasste Vereine:

> „ dass, sobald sich aus den Büchern der Genossenschaft ergiebt, dass ihr Vermögen zur Befriedigung der Gläubiger *nicht ausreicht*, der Vorstand eine Generalversammlung berufen und wenn nicht binnen 8 Tagen nach derselben der Ausfall gedeckt wird, die Ganteröffnung beim Gericht beantragen muss."

Eine solche Maasregel kommt, ausser bei den Actiengesellschaften nach Art. 240. alin. 3. des Allgem. Deutschen Handels-Gesetz-Buchs, nicht einmal bei eigentlichen *Handelsunternehmungen* vor, wo doch Hinterziehungen der Gläubiger durch Aufschub der Konkurseröffnung am ehesten zu fürchten sind, vielmehr lässt man selbst bei diesen in der Regel nicht auf die Vermögensinsufficienz an sich, sondern auf die *Zahlungseinstellung* die Konkurseröffnung folgen und ausserhalb der Handelswelt in der Regel nur auf *Antrag der Gläubiger*.*) Wie mag man nun

---

*) Im *Preuss. Norddeutschen Gesetz*, welches sich auf die wirthschaftlichen Genossenschaften beschränkt, findet sich die gleiche Anordnung nur für den Fall, dass bei der Liquidation nach *Auflösung der Gesellschaft*, sich

Religionsgesellschaften, Wohlthätigkeits-, Bildungs-, geselligen
Vereinen u. dergl., wie der Entwurf thut, den Zwang auferlegen,
ohne Noth selbst den Konkurs über sich zu provociren? Ist eine
augenblickliche Unterbilanz bei derartigen Gesellschaften, welche
meist auf fortlaufende Beiträge der Mitglieder zur Deckung des
Gesellschaftaufwandes finanziell basirt sind, so bedrohlich, dass
von Amtswegen der Schluss derselben durch ein Konkursverfahren
herbeigeführt werden muss, ohne dass irgend Jemand ein Interesse daran hat? Es kommt nicht selten vor, dass das Gedeihen
solcher Institute von Anfang an durch Ausgaben und Eingehen
von Verbindlichkeiten gesichert werden muss, wofür nur in den
künftigen Beisteuern der Mitglieder bei längerm Bestande der
Gesellschaft Deckung in Aussicht steht. Da nun eine momentane
Unterbilanz von einer solchen Sachlage unzertrennlich ist, so
würden nicht selten die nützlichsten Veranstaltungen geradezu unmöglich, wenn ein solches in keiner Hinsicht bedenkliche Stadium
sofort von Amtswegen die Konkurseröffnung nach sich zöge, während man es doch füglich den Gläubigern überlassen kann, ihre
Interressen dabei wahrzunehmen. Kurz, auch bei diesem Punkte,
wie bei den vorigen, erweist sich, dass man die verschiedenen
Arten der Vereine durch die erzwungene Verbindung aus ihren
natürlichen in ein fremdes Feld hinüber drängt, ihrem Wesen
Gewalt anthut und das Gesetz für sie zum Theil unzuträglich,
ja geradezu unannehmbar macht.

Das Sächsische Gesetz.

Dieselbe nach unserer Ueberzeugung nach falsche Richtung
hat man in *Sachsen* eingeschlagen, indem man die Rechtsverhältnisse der Genossenschaften in einem allgemeinen *Gesetze über
juristische Personen* mit behandelt. Sicher hat auch hier, die
zu weite Fassung des Begriffs der Genossenschaft dazu beigetra-

---

die Insufficienz ergiebt, wo freilich kein anderer Weg übrig bleibt, während ausserdem nur die wirkliche Zahlungseinstellung, wie bei jeder kaufmännischen Firma die Konkurseröffnung nach sich zieht. (cfr. §§ 48, 51
des Norddeutschen Gesetzes.)

gen, indem man sogar (nach §. 64 des Gesetzes) Vereinigungen
mit unbeschränkter Haftbarkeit dahin rechnet *„bei denen die
Mitgliedschaft von Anfang an auf bestimmte Personen beschränkt
ist.“*) Dass derartige Gesellschaften gar keine Genossenschaften
sind, vielmehr bei kommerziellen Geschäftsbetrieb zur Klasse der
offenen Handelsgesellschaften nach Art. 85 des Allgem. Deutsch.
Handelsgesetzbuchs gehören, haben wir im Obigen dargethan.
Zudem hatte man noch eine andere Ursache, das Gesetz dem
Handelsrechte anzuschliessen und Alles in dieses nicht Gehörige
auszuscheiden. Es werden nämlich darin auch die dem Handelsrecht entschieden angehörigen *Actiengesellschaften, welche Handelsgeschäfte betreiben*, mit behandelt und Vorschriften des *Allgem. Deutschen Handelsgesetzbuchs* darüber abgeändert, wesshalb
sich der Weg einer Novelle zu dem Letzteren schon allein em-
pfohlen haben würde.

Im Uebrigen muss man zugestehen, dass die Mängel, welche
aus der gerügten legislatorischen Vermischung entstehen, im
Sächsischen Gesetz bei weitem weniger, wie in dem *Bairischen
Entwurfe* vortreten. Dasselbe ist in seinen Einzelheiten mit an-
erkennenswerther Umsicht und viel grösserer Berücksichtigung
des praktischen Bedürfnisses der Vereine gearbeitet und unterscheidet auch rücksichtlich des Zweckes und der Haftbasis unter
ihnen, soweit dies das Zusammenwerfen der Begriffe und Rechts-
materien irgend zulässt. Natürlich konnten aber die Inkonveniezen
der gerügten Methode dadurch nur gemildert, keineswegs beseitigt
werden. So hat man z. B. gleich mit dem bairischen Entwurfe, eine grosse Menge Detail aus dem Preussischen Ge-

---

*) Die wunderliche Bezeichnung der Genossenschaften als *„Personen-
vereine“* in §. 6 littr. b. des Gesetzes mag hier nur beiläufig erwähnt werden. Den Gegensatz der littr. a., daselbst erwähnten *Stiftungen* etc. mit
juristischer Persönlichkeit bilden *Vereine* überhaupt, welche stets aus
einer Mehrheit von Personen bestehen müssen. Man kann daher keine
besondere Gattung davon als *Personenvereine* aufführen, da es *Sachenver-
eine* gar nicht giebt, und Niemand eine Stiftung, eine Vermögensmasse
oder eine andere Universitas juris, als *Vereine* bezeichnen wird, auch
wenn sie juristische Persönlichkeit besitzen.

nossenschaftsgesetz mit herüber genommen und darunter ebenfalls
die unbedingte *Vertretung der Vereine* nach Aussen durch den Vorstand (cfr. §. 20 d. Ges.). Da man sich das Unpassende dieser Einrichtung für andere als kommerzielle Gesellschaften nicht verhehlen
mochte, ist nun war (§. 38 d. Ges.) dieselbe für Gesellschaften welche
ausschliesslich „*kirchliche milde* oder *gemeinnützige Zwecke*" verfolgen, beseitigt, dagegen aber bei allen übrigen, z. B. Lesegesellenschaf-
ten, geselligen Vereinen und dergl. beibehalten, für welche sie ebensowenig passt. Desgleichen sind für die Genossenschaften ohne Geschäftsbetrieb die Bestimmungen über die Konkurseröffnung (§. 26
in Verbindung mit §. 30 Littr. C. und §. 78 No. 2) nicht viel
weniger bedenklich, wie im Bairischen Entwurfe. Endlich erscheinen auf der andern Seite wieder für die in das kommerzielle Gebiet
fallenden Genossenschaften die so wichtigen Bestimmungen über
Firmen, Handelsbücher, Bilanz u. s. w. (§. 25 d. Ges.), worüber
das Allg. Deutsche Handelsgesetzbuch das Nöthige an die Hand
giebt, nicht ausreichend, denn wenn auch §. 11 No. 11 verlangt:
„dass bei *Erwerbsgesellschaften* die Vorschriften über Aufstellung
und Prüfung der Bilanz, Berechnung und Vertheilung des Gewinns, Verschwendung des Vermögens etc. im Statut angegeben
werden sollen", so wird doch dadurch die Sache nicht erledigt,
weil dadurch ein Punkt, den das Gesetz selbst im Interesse der
Verkehrssicherheit durch kategorische Anforderungen an die Ge-
Gewissenhaftigkeit der Betheiligten zu regeln hat, deren Belieben
überlassen wird*).

Incompetenz des Sächsischen Gesetzes in Bezug auf „eingetragene Genossenschaften",

War nach alledem der eingeschlagene Weg schon im Allge-
gemeinen kein glücklicher, so stellte er sich für *Sachsen* noch aus
einen ganz speziellen, in der Zugehörigkeit dieses Landes zum

---

*) Im *Preuss. Norddeutschen Gesetz* sind desshalb den Genossenschaften ganz allgemein (§. 11 al. 3) die Rechte und Pflichten der Kaufleute
nach dem Allgem. Deutschen Handelsgesetzbuch, wie den Handelsgesellschaften, beigelegt.

Norddeutschen Bunde liegenden Grunde geradezu als unzulässig
dar, weil er zu einem Konflikt mit der Bundesgesetzgebung führt.

Nach *Art. 4. der Verfassung des Norddeutschen Bundes*
unterliegen gewisse Gegenstände der Beaufsichtigung und Gesetzgebung desselben, und nach *Art. 2.* daselbst gehen die darüber
erlassenen *Bundesgesetze* den *Landesgesetzen* vor. Hieraus folgt
unseres Erachtens:

> „dass seit Einführung der Bundesverfassung in den zum
> Bunde gehörigen Staaten keine Partikulargesetzgebung sich
> mit Gegenständen der bezeichneten Art befassen darf, dass
> deren gesetzliche Ordnung vielmehr ausschliesslich durch
> Bundesgesetze erfolgen muss".

Aber auch wenn man sich dieser strengeren Auffassung nicht
anschliesst, sondern — wie dies von einigen Seiten geschieht —
der Partikulargesetzgebung auch in solchen Materien so lange noch
Spielraum zuerkennt, als die Bundesgesetzgebung sich nicht selbst
damit befasst hat, steht doch soviel unumstösslich fest:

> dass, wenn der letztere Fall eintritt, wenn die Bundes-
> gesetzgebung die Ordnung eines ihrer Kompetenz unter-
> stellten Gegenstandes in die Hand genommen hat, alle
> Partikulargesetze soweit sie mit einem solchen Bundesgesetze
> in Widerspruch stehen, vor demselben zurücktreten müssen.

Dass nun die *Genossenschaften* im eigentlichen Sinne, als
Vereinigungen zu kommerziellen Zwecken, in die der Bundesgesetzgebung vorbehaltenen Materien einschlagen, kann nicht bestritten
werden. Der angezogene Art. 4. der Bundesverfassung bezeichnet
als solche:

> den *Gewerbebetrieb*, das *Bankwesen*, die *Handelsgesetz-*
> *gebung*, sowie das *gemeinsame Handelsrecht*,

und mit allen diesen Dingen haben es die Genossenschaften zu
thun. Wie mittelst der Vorschuss- und Kredit-Vereine eine neue
Gattung von *Banken* eingeführt wird, stellen die *Produktivgenos-*
senschaften eine eigenthümliche Form des *Gewerbetriebes* dar, und
alle, mit Einschluss der *Rohstoff-* und *Konsum - Vereine*, welche
den Einkauf von Waaren zum Behuf des Verkaufs üben, treiben
Handelsgeschäfte (cfr. Art. 271, 272 Allg. Deutsches Handels-

gesetzbuch). Bliebe aber wirklich hierbei noch der Schatten eines Zweifels übrig, so ist dieser dadurch beseitigt, dass der *Norddeutsche Bund* seine Kompetenz in Bezug auf den fraglichen Gegenstand, ohne Widerspruch, ja unter Mitwirkung der Vertreter der *Sächsischen* Regierung im Bundesrath, durch Erlass eines Bundesgesetzes darüber thatsächlich gewahrt und den fraglichen Genossenschaften, wie bereits erwähnt, ausdrücklich die *Rechte und Pflichten der Kaufleute* verliehen hat. Das *Sächsische Gesetz* durfte daher diese Genossenschaften (nach der strengen Auffassung auch diejenigen *Aktien*- und *Kommandit-Aktien*-Gesellschaften, deren Zweck im Betriebe von Handelsgeschäften besteht) nicht in seinen Bereich ziehen. Dadurch, dass es dies gethan, hat es einen Uebergriff in die Kompetenz der Bundesgesetzgebung begangen, welcher um so schroffer hervortritt, als die letztere zu gleicher Zeit selbst mit dem Erlass des Genossenschaftsgesetzes befasst war. Das Sächsische Gesetz hat nämlich erst im Juni dieses Jahres die Kammern passirt, während der Gesetzentwurf des Verfassers über die privatrechtliche Stellung der Erwerbs- und Wirthschaftsgenossenschaften am 16. April c. beim Reichstage des Norddeutschen Bundes eingebracht, der Bericht der zu dessen Vorberathung erwählten Commission am 23. Mai c. in Druck ging und die erste Berathung des Reichstags darüber, welche in allen wesentlichen Punkten schon zum Einvernehmen führte, am 28. Mai d. J. Statt fand.

Sonach kann das *Sächsische Gesetz* in Bezug auf die *Erwerbs* und *Wirthschaftsgenossenschaften* keine Geltung beanspruchen, sondern nur für die von ihm mit behandelten übrigen Gattungen der Vereine. In Bezug auf die Genossenschaften war es entweder von Haus aus ungültig, oder ist durch Erlass des Bundesgesetzes beseitigt, indem dadurch sein mit diesem nicht in Einklang stehender Inhalt aufgehoben ist. Wollte es neben dem letzteren bestehen, so musste es sich auf Ordnung der Rechtsverhältnisse „*nicht eingetragener Genossenschaften*" beschränken, welche das Bundesgesetz insofern der Partikulargesetzgebung überlässt, als es seine Bestimmungen auf dieselben nicht angewendet wissen will (cfr. §. 71 desselb.) Dies ist aber hinsichtlich des

Sächsischen Gesetzes nicht der Fall. Vielmehr bezieht es sich ausdrücklich und lediglich auf *eingetragene Genossenschaften*, wie das Bundesgesetz, versteht auch darunter genau dasselbe, wie dieses, nämlich: *solche Genossenschaften, welche durch Eintragung in die von den Gerichten geführten öffentlichen Register die rechtliche Persönlichkeit nach Analogie der Handelsgesellschaften im Allg. Deutschen Handelsgesetzbuch erhalten.* Wollte man demnach das Sächsische Gesetz über den fraglichen Gegenstand neben dem Bundesgesetz bestehen lassen, so würden in Sachsen zweierlei Arten *eingetragener Genossenschaften*, die eine nach *Bundes-*, die andere nach *Landes-Recht* neben einander herlaufen, denen beiderseits die gleiche Rechtsfähigkeit mittelst des gleichen öffentlichen Akts der Eintragung, allein unter verschiedenen Bedingungen und mit verschiedenen Folgen verliehen wäre. Dadurch würde aber offenbar der klar ausgesprochene Zweck des Bundesgesetzes, wonach eben die Rechtsverhältnisse der eingetragenen Genossenschaften im Bundesgebiet nach *Bundes-* und nicht nach *Landes-Recht* geordnet werden sollen, geradezu vereitelt. Dies scheint so zweifellos, dass man meinen sollte, die Sächsische Regierung müsse von selbst ihr Gesetz in dem fraglichen Punkte durch den späteren Erlass des Bundesgesetzes als aufgehoben betrachten. Allein dass dies keineswegs der Fall ist, erweist die von ihr erlassene *Ausführungs-Verordnung vom 23. Juli cr.* (Ges. und Verordn. Bl. für das Königreich Sachsen Seite 499), welche sich ausdrücklich auf beide Gesetze auf das *Landes-* wie auf das *Bundesgesetz* zugleich erstreckt. Dieselbe hält das erstere dem letztern gegenüber auch in Bezug auf die eingetragenen Genossenschaften aufrecht und fällt (cfr. §. 14—16) zur Beseitigung des Kompetenzkonflikts auf das folgende sinnreiche Auskunftsmittel, welches eine besondere Beleuchtung verdient.

Nach dem Bundesgesetz muss nämlich jede sich ihm unterstellende Genossenschaft den Zusatz „eingetragene Genossenschaft" ihrer Firma hinzufügen. Der Grund dieser Bestimmung ist klar. Jedermann, der mit einer Genossenschaft in Verbindung tritt, soll dadruch sofort wegen ihrer Rechtsfähigkeit, der Legitimation

2 *

ihrer Vertreter u. s. w, in Kenntniss gesetzt und an die öffentlichen Register verwiesen werden. Hieran hält sich nun die Sächsische Ausführungsverordnung und weist diejenigen Genossenschaften, welche den Zusatz annehmen, unter das Bundesgesetz,
dessen Erfordernissen sie als dann zu genügen haben. Dagegen
braucht eine Genossenschaft, welche die Erfordernisse dieses Gesetzes umgehen und dennoch der Vortheile desselben theilhaftig
werden will, nur die erwähnte zusätzliche Bezeichnung bei ihrem
Namen wegzulassen, dann fällt sie unter das Sächsische Gesetz,
und erlangt die Rechte einer eingetragenen Genossenschaft nach
diesem.

In der That weiss man kaum was man zu dieser Interpre-
tationskunst sagen soll. Ja, wenn §. 71 des Bundesgesetzes verordnete, dass seine Bestimmungen auf Genossenschaften:

> „*die den Zusatz: eingetragene Genossenschaften nicht
> in ihrer Firma führten,*"

keine Anwendung finden sollten, könnte man so deduciren. Allein
von einer solchen Anordnung ist dort keine Rede, sondern ganz
allein die *Eintragung oder Nichteintragung* als das Moment,
wovon die Anwendbarkeit des Gesetzes abhängt, betont. Dagegen
stellt das Bundesgesetz die Aufnahme des fraglichen Zusatzes in
der Firma in §. 2 daselbst als eines der nothwendigen Requisite
auf, von denen die Eintragung, und mit ihr die Erlangung der
Rechte einer eingetragenen Genossenschaft abhängen. (cfr. §. 2
und 5 daselbst). Kein Verein soll nach der unzweideutigen Absicht und dem Wortlaut*) des Bundesgesetzes die Rechte einer
eingetragenen Genossenschaft *innerhalb des Bundesgebiets* haben,

---

*) cfr. Eingang und §. 1 des Gesetzes: „Wir etc. verordnen für das
ganze Gebiet des Bundes was folgt: Gesellschaften etc. erwerben die im
gegenwärtigen Gesetz bezeichneten Rechte einer eingetragenen Genossenschaft unter den nachstehend angegebenen Bedingungen." Dazu tritt dann noch
das Motiv in dem Bericht der Prozessdeputation an den Bundesrath, nach
welchem die Fassung des §. 71 d. Ges. vorgeschlagen und angenommen ist,
welches ausdrücklich besagt: dass es nicht von der Genossenschaft abhängt,
sich unter das Gesetz zu stellen, sondern dass *das Gesetz sie ergreift*, sobald die rechtlichen Voraussetzungen seiner Anwendbarkeit vorliegen," wo-

der jenen Firmenzusatz nicht annimmt, und sich nicht dadurch vor dem Publikum als das dokumentirt, was er ist. Aber da kommt die *Sächsische Ausführungsverordnung* und kehrt die Sache um. Anstatt der einfachen Folgerung: „wer die Bedingungen des Bundesgesetzes nicht erfüllt, wird von der darin garantirten Stellung innerhalb des Bundesgebietes ausgeschlossen"; sagt sie: freilich nach diesem, nach dem *Bundes-*, aber nicht nach dem *Landesgesetz*, d. h. nicht nach dem Gesetz, welches durch das Bundesgesetz aufgehoben ist! Und so werden die Vereine als *eingetragene Genossenschaften* zugelassen, unter der Bedingung, *dass sie sich nicht so nennen.* Ueber die Unhaltbarkeit dieses Experimentes kein Wort weiter.

Aber ausser dem dadurch herbeigeführten speziellen Konflikt zwischen den beiden Gesetzen hat der Vorgang, noch in politischer und handelsrechtlicher Hinsicht eine weitere prinzipielle Bedeutung. Lässt man den Fall ohne Einschreiten von Seiten der Bundesbehörde hingehen, so giebt es wirklich keine bequemere Methode, die ganze Bundesgesetzgebung durch solche Partikularerlasse lahm zu legen. Die Einzelstaaten erlassen dann nach Belieben bei jedem Bundesgesetz nebenherlaufende Verordnungen, welche denselben Gegenstand in anderer von ihnen beliebten Weise behandeln. Die Interessenten für die das Bundesgesetz gegeben ist, brauchen alsdann nur dasselbe in einzelnen Bestimmungen nicht zu beobachten, dann werden sie nicht darnach beurtheilt, sondern stehen unter dem Partikulargesetz. Dass damit das Vorschreiten einheitlicher Rechtsentwickelung in dem Bundesgebiete, an welches von Seiten der Wissenschaft, wie von Seiten des praktischen Bedürfnisses, täglich immer dringendere Anforderungen gestellt werden, schon im Allgemeinen nicht bestehen kann, springt in die Augen. Noch mehr fällt dies aber auf einem Gebiete in das Gewicht, für welches nicht blos im Norddeutschen Bunde, sondern in ganz Deutschland bereits eine solche Rechtseinheit ge-

rauf sofort ausgesprochen wird, dass die Anwendbarkeit nur für *nicht eingetragene* Genossenschaften ausgeschlossen werden müsse. cfr. *Bericht der Civilprozess-Deputation* Nr. 193, Drucksachen des Norddeutschen Reichstags, Sitzungsper. 1868, Seite 5.

wonnen ist, und wo sie auch mehr Noth thut, wie für jedes andere. Wir haben gesehen, in welcher Weise die Genossenschaften
mit Handel und Verkehr zu thun haben, weshalb wir im Sächsischen Gesetze selbst die Prinzipien des Allgemeinen Deutschen
Handelsgesetzbuches bei Bemessung ihrer Rechte auf sie angewendet finden. Welche grosse Interessen aber uns zu einheitlicher
Rechtsgestaltung auf diesem Felde drängen, ist leicht einzusehen.
Dazu hat die Praxis in höchst wirksamer Weise hier seit Jahr-
hunderten Bahn gebrochen, und durch ihre weitverzweigten Geschäftsverbindungen über grosse entlegene Länderstrecken auf Ausbildung allgemein gültiger Bräuche, so zu sagen eines *internatio-
len Handelsrechtes* hingearbeitet. Dies konnte auf die Gesetzgebungen aller civilisirten Staaten nicht ohne Rückwirkung bleiben,
und hat die allmählige Einführung gleichmässiger Rechtsnormen
in Handelssachen mehr und mehr zur Folge, welche nicht wenig
dazu beitragen, den einschlagenden Geschäftsoperationen grössere
Sicherheit durch Vereinfachung ihrer rechtlichen Unterlagen zu
bieten. Die mühsame und unzuverlässige Information über das
Handelsrecht verschiedener Länder, zwischen deren Einsassen Han-
delsbeziehungen bestehen, erschwert und gefährdet den Verkehr,
besonders die Geltendmachung gegenseitiger Ansprüche. Und
wieviel mehr müssen diese Missstände in einem Lande empfunden
werden, welches, gleich *Deutschland*, in eine Anzahl politisch und
wirthschaftlich nicht lebensfähiger Staaten zerrissen ist, die erst
zusammen ein Produktions- und Handelsgebiet ausmachen, und
deren Güterleben in der Trennung weder zu einem irgend erträg-
lichen Ausgleich in sich, noch zu der unentbehrlichen Geltung in
der grossen Gesammtwirthschaft der civilisirten Welt zu gelangen
vermag. So unwiderstehlich machte sich dieses Bedürfniss mit
den grossen wirthschaftlichen und politischen Umgestaltungen des
Jahrhunderts geltend, dass man sogar während der losen Verbindung unseres Gesammtvaterlandes unter dem alten Bunde die
Schöpfung eines *gemeinsamen Deutschen Wechsel- und Handelsrechtes* bewerkstelligte, deren wohlthätige Folgen allgemein anerkannt werden und noch jetzt während ernsten politischen Zwie-
spalts, ein wichtiges Element nationaler Zusammengehörigkeit

in der Pflege der materiellen Interessen repräsentiren. Von dieser Gemeinsamkeit des Rechtsbodens die Genossenschaften ausschliessen, gerade in dem Augenblicke, wo sie im hoffnungsvollen Aufschwunge beginnen eine schwer empfundene Lücke im Wirthschaftsleben unseres Volkes auszufüllen und das unabweisbare materielle Bedürfniss zahlreicher Klassen mit den höheren Kulturbestrebungen zu vermitteln, heisst ihnen, wie den nationalen Interessen den schlechtesten Dienst erweisen. In richtiger Erfassung ihrer Aufgabe, die bei uns in noch höherem Grade als anderswo eine nationale ist, haben sie selbst ihre festgegliederte Organisation im engen Zusammenschluss zu Wahrung gemeinsamer Interessen mit gemeinsamen Mitteln und Kräften, ohne Rücksicht auf politische Grenzen, über ganz Deutschland ausgedehnt und einen *allgemeinen deutschen Genossenschaftsverband* gegründet. Und nun sollen sie der partikularen Gesetzgebung in Feststellung ihrer Rechtsverhältnisse *sogar innerhalb des Norddeutschen Bundes* anheimfallen, trotzdem, dass dies in eine Materie schlägt, welche der Bundesgesetzgebung verfassungsmässig vorbehalten und von ihr bereits in die Hand genommen ist? — Das heisst, einen Riss nicht bloss in die *Bundesverfassung*, sondern in das über das Bundesgebiet hinausreichende gemeinsame Deutsche *Handelsrecht* machen, und dem kommerziellen Verkehr der ganzen Nation, in welchen die Genossenschaften immer bedeutsamer eingreifen, einen empfindlichen Schlag versetzen. Nicht nach der Seite des Partikularismus hin sich verengen und abschliessen, darf die Tendenz der hierher gehörigen Gesetzgebung sein; vielmehr muss man die Konsequenz eines gemeinsamen Deutschen Handelsrechts auch auf die dazu gehörigen Genossenschaften zu ziehen und die Geltung desselben Genossenschaftsgesetzes für ganz Deutschland zu erreichen suchen. Dazu gehört aber unbedingt, dass zunächst der *Norddeutsche Bund* in seinem Gebiete an dieser Gemeinsamkeit festhält, indem von einem solchen die ganze Ländergruppe desselben umfassenden Einigungspunkte aus mit den süddeutschen Staaten weit wirksamer über deren Anschluss verhandelt werden kann, als wenn man die bereits dazu gethanen Schritte wirkungslos machen lässt, und die getroffenen Feststellungen den willkürlichen Ein-

griffen der einzelnen Bundesländer Preis giebt. Voraussichtlich
werden die Genossenschaften ihrerseits energisch für die Sache der
Einigung auftreten. Denn dass durch eine so vielfach gespaltene
Gesetzgebung ihre Interessen keineswegs gefördert werden, dieselbe vielmehr ihren Geschäftsverbindungen im Einzelnen wie ihren
grossartigen gemeinsamen Operationen im Ganzen nur hinderlich
ist, haben sie praktisch bereits vielfach erfahren, und werden daher
um so weniger geneigt sein, das in freier Initiative gewonnene Feld
irgend wie sich verengen zu lassen.

Zweite Gruppe.

Von den der *zweiten Hauptgruppe* angehörigen Gesetzen etc.
sehen wir wiederum zwei verschiedene Wege verfolgt, von denen
wir indessen keinem von unserm Standpunkte aus die Berechtigung
bestreiten können, indem nur Zweckmässigkeitsgründe, besonders
der allgemeine Stand der Gesetzgebung in jedem Lande, bei der
Entscheidung für den einen oder den andern in Betracht kommen.
Während das *Französische Gesetz* und der *Oesterreichische
Entwurf* die Genossenschaften bei Gelegenheit einer Revision des
in der Handelsgesetzgebung enthaltenen Gesellschaftsrechts, also
in einer *Novelle* zu den betreffenden Handelsgesetzbüchern, mit
behandeln, ihnen aber dabei besondere Abschnitte widmen, treten
uns das erstangeführte *Englische* und *Preuss.- Norddeutsche* Gesetz, als specielle ausschliesslich auf die Genossenschaften bezügliche Akte entgegen, wobei in dem letztern die Prinzipien des *Allg.
Deutschen Handelsgesetzbuchs* für kommerzielle Gesellschaften dergestallt gewahrt sind, dass es diesem, als besonderer Abschnitt,
jederzeit eingefügt werden kann.
Mit den zwischen diesen Getzen in materieller Hinsicht obwaltenden Unterschieden haben wir uns in den späteren Abschnitten
zu beschäftigen und hier nur, wie bei der ersten Gruppe, auf die
Fassung des Rechtsbegriffs der Genossenschaften aufmerksam zu
machen, weil dieselbe regelmässig, wie wir gesehen haben, auf die
Gesammtökonomie des Gesetzes bestimmend einwirkt.
In dieser Hinsicht behandelt das *Französische Gesetz* die Ge-

nossenschaften (Art. 48 folgd.) als Sociétés à capital variable, *Gesellschaften mit veränderlichem Kapital*, anstatt nach unsern obigen Ausführungen als Gesellschaften à personal variable, *mit wechselnder Mitgliedschaft*, und verfehlt somit das wesentliche Merkmal, da die Veränderlichkeit des Gesellschaftskapitals soweit sie hier in Betracht zu ziehen ist, als Folge des Zu- und Abgangs von Mitgliedern, also der Veränderlichkeit im Personalstande sich darstellt*). Wie man aus den dadurch herbeigeführten Schwierigkeiten sich herauszuziehen gesucht hat, werden wir im III. Abschnitt sehen. Dagegen wird der Begriff der Genossenschaft in den beiden *Englischen Gesetzen* ohne jede prinzipielle Unterscheidung an das rein äusserliche Merkmal der Mitgliederzahl geknüpft, indem keine Gesellschaft von weniger als sieben Personen darunter subsumirt, und wenn sie im Laufe der Zeit unter diese Zahl herabsinkt, aufgelöst wird. Verwickelter ist das Ineinandergreifen, die Kompetenzabgrenzung zwischen beiden Akten. Die *erste* davon fasst die bis dahin über die sogenannte Industrial-, Provident- und Friendly-Societies seit 1852 erlassenen Akte unter wesentlichen Abänderungen zusammen, und gewährt diesen Gesellschaften, worunter unsere Erwerbs- und Wirthschaftsgenossenschaften — mit Ausnahme der auf Bankgeschäfte gerichteten — sowie Kranken- und Unterstützungskassen aller Art gehören, gewisse Begünstigungen, ausser der rechtlichen Persönlichkeit die Befreiung von der Stempel- und Einkommen-Steuer u. a., jedoch mit der Beschränkung der Antheile der Mitglieder auf 200 Pfd. St. Unter die *zweite* Akte, welche das Gesellschaftsrecht, besonders der Handelsgesellschaften, überhaupt regelt und demnach von uns bei der *ersten Gruppe* erwähnt wurde, *können* sich die Genossenschaften stellen, wenn

---

*) Der Zuwachs des Kapitals durch allmäliges Aufsummen der regelmässigen Beisteuern der Mitglieder zur Erfüllung der im Statut normirten Geschäftsantheile derselben, aus welchen das Gesellschaftskapital besteht, kann so wenig wie die Einzahlungen auf Aktien, hier als Vermehrung des letztern gelten, indem ja jedes Mitglied durch seinen Beitritt zur Genossenschaft, wie der Aktionair durch Zeichnung der Aktie, sich zur allmäligen Vollzahlung verpflichtet. Das Gesellschaftskapital wird also durch diese Beisteuer nur realisirt, aber nicht erhöht, indem die eingezahlte Baarschaft an die Stelle des Versprechens tritt.]

sie auf die Privilegien der ersten Akte keinen Anspruch machen.
Es *müssen* sich ihm aber unterordnen: a) alle Gesellschaften von
mehr als 10 Personen, welche *Bankgeschäfte* treiben; b) alle
Gesellschaften zum Betriebe eines Gewinn bringenden Geschäfts
überhaupt von mehr als 20 Personen — Beides jedoch nur insoweit nicht spezielle Parlamentsakte oder Patentbriefe ihnen dies
ausdrücklich gestatten.

Der *Oesterreichische Entwurf* entlehnt die Begriffsbestimmungen
wie den grössten Theil seines hierher gehörigen Abschnitts dem
Preuss. Norddeutschen Gesetz. Dass der einzige Zusatz, den er
dem englischen Gesetz entnommen hat, wonach mindestens 7 Mitglieder bei der Gründung einer Genossenschaft vorhanden sein
müssen (§. 76 dess.), nicht glücklich ist, darüber hat bereits die
Praxis in Deutschland entschieden. Wir haben unter unseren
jungen *Produktivgenossenschaften* mehr wie eine, welche in jeder
Hinsicht, namentlich dem wesentlichen Punkte des Ab- und Zu-
tritts von Mitgliedern, durchaus auf dem Genossenschaftsprinzip
steht, beim Beginn aber weniger wie 7 Mitglieder zählt, und es
liegt nicht der mindeste Grund vor, solche Gestaltungen, die nicht
selten in ihrem Aufringen aus dem Kleinen und Engen die ge-
sundesten Keime enthalten, von den Wohlthaten des Gesetzes aus-
zuschliessen.

Das *Preuss. Norddeutsche Gesetz* selbst ist das einzige, welches den von uns entwickelten Anforderungen genügt, indem es
das wahre Wesen der Genossenschaften, ihr Vergesellschaftungsprinzip wie ihre wirthschaftlich sociale Aufgabe, vollständig dar-
legt. Nach §. 1 versteht es darunter: „*Gesellschaften, mit nicht
geschlossener Mitgliederzahl, welche die Förderung des Kredits,
des Erwerbs oder der Wirthschaft ihrer Mitglieder mittelst gemeinschaftlichen Geschäftsbetriebes bezwecken*", wozu die Verpflichtung der Mitglieder zu *unbeschränkter solidarischer Haft*
für die Genossenschaftsschulden (§. 3 No. 12 u. §. 12 d. Ges.),
sowie zur Aufbringung eines *Gesellschaftskapitals durch Geschäftsantheile* der einzelnen tritt, deren Betrag und Art der Bildung
im Gesellschaftsvertrage (dem Statut) bestimmt werden müssen (§. 3
No. 5 des Ges.).

Wie man hieraus ersieht, sind sämmtliche von uns aufgestellte wesentliche Requisite einer *Personalgenossenschaft* im eigentlichen technischen Sinne, vollkommen gewahrt, die Spezialität dieses Rechtsinstituts, der juristische Begriff desselben in seinen unterscheidenden Merkmalen nach allen Seiten hin scharf abgegrenzt. Neben der *Solidarhaft* der Mitglieder haben wir die Zulassung des *Wechsels im Personalstande*, die volle Freiheit des Ein- und Austritts der Mitglieder, dessen Bedingungen (nach §. 3 No. 4 und §. 38 des Ges.) die Genossenschaft im Statut zu regeln hat, so jedoch, dass der Austritt keinem Genossenschafter gewehrt werden darf, selbst wenn die Gesellschaft auf bestimmte Zeit eingegangen ist. Sodann finden wir den auf wirthschaftliche und Erwerbszwecke gerichteten *Geschäftsbetrieb*, der ein „gemeinschaftlicher" sein soll, d. h. bei welchem sich die Mitglieder *selbstthätig*, nicht blos mit Vermögenseinlagen oder Eintritt in das Risiko, zu betheiligen haben, wesshalb ihnen die Ausübung der weitgehendsten Befugnisse in der Generalversammlung (z. B. oberste Entscheidung aller Gesellschaftsangelegenheiten, durchgreifende Kontrole der Verwaltung durch Wahl und jederzeitige Absetzung des Vorstandes u. a.) zugesichert sind. Weiter ist die *Aufbringung eines Gesellschaftskapitals* erfordert, welches natürlich, der fluktuirenden Mitgliederzahl halber, nicht in sich, sondern nur relativ durch den Betrag des Geschäftsantheils der Einzelnen bestimmt werden konnte, den das Statut ebenso, wie die Art seiner Aufbringung, meist durch allmälige Beisteuern und Zuschreibung von Dividenden, festsetzen muss.

In der bereits erwähnten Verleihung kaufmännischer Rechte und Pflichten (§. 11 al. 3) an die Genossenschaften vollzieht sich endlich die Einreihung derselben in das Gesellschaftsrecht des Handelsgesetzbuchs vollständig, womit die Materie ihren sachgemässen Abschluss erreicht.

II.

Haftbarkeit.

Beim Eintritt in die Behandlung der materiellen Unterschiede, welche unter den bezeichneten Gesetzen und Entwürfen in Feststellung der Rechtsverhältnisse der Genossenschaften obwalten, bemerken wir zuvörderst, dass wir uns auf das Wesentliche dabei beschränken, wovon die Gesetzdetails mehr oder weniger abhängen, auf diese Details aber nur insoweit eingehen, als es gilt, die Konsequenz der prinzipiellen Differenzen anschaulich zu machen. Der Kernpunkt derselben liegt ohne Widerrede in der Regelung der *Haftbarkeit* der Genossenschaften und ihrer Mitglieder für die Geschäftsverbindlichkeiten, welche daher den Mittelpunkt unserer Erörterungen bilden wird.

Die uns vorliegenden gesetzgeberischen Akte gehen hierbei in zweierlei Hinsicht auseinander. Einmal lassen die einen, und zwar das *Sächsische Gesetz* und die englische Kompanies-Acte, der *Bairische* und *Oesterreichische* Entwurf,*) den Genossenschaften die Wahl zwischen beschränkter und unbeschränkter Haft der Mitglieder, während die andern — die *Englische* konsolidirte Industrial- und Providentsocieties-Acte, das *Französische* und *Preussisch-Norddeutsche Gesetz* dies nicht thun, vielmehr diesen Punkt definitiv festsetzen. Sodann aber gehen wiederum die letzteren in Bestimmung der Art der Haftbarkeit selbst, sowie der Folgen davon für die Mitglieder der Genossenschaften, erheblich auseinander. Wir werden danach folgende Fragen zu beantworten haben;

---

*) Dass und inwiefern dies nur sehr bedingt, mehr der Form als der Sache nach im *Sächsischen Gesetz* und in der Englischen Kompanies-Akte der Fall ist, wird im III. Abschnitte gezeigt werden.

1) Ist es mit der Aufgabe des Gesetzgebers vereinbar, die *Wahl* der Haftart in das Belieben der Genossenschafter zu stellen?

2) für welche *Art* der Haftbarkeit, die beschränkte oder unbeschränkte, hat sich der Gesetzgeber bei den Genossenschaften zu entscheiden?

3) In welcher Weise sind die *Folgen* der unbeschränkten Haftbarkeit in Bezug auf die Mitglieder der Genossenschaften in dem einen oder anderen Falle zu ordnen.

1.

Die Wahl der Haftart bei kommerziellen Gesellschaften einschliesslich der Genossenschaften durch deren Mitglieder.

In Bezug auf die erste Frage begegnen wir einer Unklarheit der Vorstellungen nicht blos bei der grossen Menge der Betheiligten, sondern bis in die Kreise der Gesetzgeber hinauf, dass wir um so mehr den hier maassgebenden Prinzipien einmal auf den Grund gehen müssen, als wir dadurch zugleich für die Beantwortung der weiteren Fragen erst den richtigen Anhalt gewinnen. Besonders gilt es zu zeigen, wie sich alle solche auf den gesellschaftlichen Verkehr bezüglichen Verhältnisse durchaus nicht willkürlich, nach dem was gerade irgend einem Betheiligten zu passen scheint, ordnen lassen, sondern auf inneren Nothwendigkeiten beruhen, indem sie, wie der gesammte gesellschaftliche Verband, mit dem sie es zu thun haben, aus dem natürlichen Wesen des Menschen abgeleitet und darauf zurückbezogen werden müssen. Halten wir diesen Ausgangspunkt fest, so gelangen wir rücksichtlich der *Fundamente der Haftbarkeit* zu nachstehenden Folgerungen.

Das natürliche Fundament aller Haftbarkeit.

Als Marksteine, welche Recht und Pflicht im Leben des Menschen nach allen Seiten hin abgrenzen, gleichsam als Pole der Achse, um welche sich der ganze Prozess in dieser Sphäre bewegt, sind von der Natur die beiden grossen Prinzipien der *Freiheit* und der *Verantwortlichkeit* gegeben. Schon bei dem Menschen als Individuum tritt uns die *Freiheit* als erste Forderung für den normalen Verlauf seines Daseins entgegen. Nur durch Entwickelung und thätigen Gebrauch der ihm eingeborenen Anlagen und Kräfte gelangt der Mensch zur Befriedigung seiner Bedürfnisse, an welche die Möglichkeit seiner Existenz geknüpft ist. Zu beiden bedarf er aber des freien Spielraums, ohne welchen er niemals mit voller Leistungsfähigkeit in die gestellte Aufgabe einzutreten vermag. Daher erkennen wir in der *individuellen Freiheit* das Element aller Entwickelung, die Gewähr alles nachhaltigen Erfolgs, so zu sagen die eigentliche Lebensluft des Menschen, in der allein das Wesen desselben der vollen Entfaltung, die grossen Aufgaben seines Daseins einer gedeihlichen Lösung entgegen geführt werden können. Damit befinden wir uns aber auch schon an der Schwelle der *Verantwortlichkeit*, wenn auch nur erst *der des Einzelnen gegen sich selbst*. Aus unserer natürlichen Ausstattung mit den zur Beschaffung unserer Existenzmittel erforderlichen Kräften ergiebt sich die *Pflicht der Selbstsorge*, vermöge deren Jeder · in dieser Beziehung an sich selbst gewiesen ist, die Folgen seines Thuns und Lassens sich selbst zuzurechnen hat. ·

Eine weitere und tiefgreifendere Bedeutung gewinnt aber die Sache in den *gesellschaftlichen* Beziehungen der Menschen, in ihren Berührungen mit Dritten. Hier ist dem von der Natur selbst verliehenen Ur- und Grund-Recht auf freies Gebahren im Erproben und Gebrauch unserer Kräfte, auf Verfolgen selbstgewählter Ziele und selbstständige Gestaltung unseres Geschicks, von derselben Natur zugleich die Schranke gezogen *in dem gleichen Recht aller unserer Mitmenschen*. Wir sind nicht allein auf der Welt, neben und mit uns bewegen sich Wesen derselben Gattung, mit gleichen Bedürfnissen und Kräften und gleichmässig auf den Gebrauch der letzteren zur Befriedigung der ersteren angewiesen, wie wir. In dieser gleichen Organisation mit uns, dem gleichen Naturgebot, unter dem sie mit uns stehen, ist auch das gleiche Recht derselben auf freie Lebensbethätigung begründet, welche sie, gleich uns, für sich in Anspruch nehmen. Unsere Achtung vor diesem Recht der Andern enthält aber zugleich seine Gewährschaft für uns selbst. Nur wenn wir die bez. natürliche Schranke in unserm Thun respektiren und uns hüten, in den Bereich der Andern überzugreifen, sie in Verfolgung ihrer Lebenszwecke zu hemmen, dürfen wir das Gleiche von ihnen erwarten. So tritt der *Freiheit* des Individuums die *Verantwortlichkeit für deren Gebrauch* hinzu, und in der *gegenseitigen Rechtsachtung* wird das Band geschlungen, welches die Gesammtheit zu geordneten gesellschaftlichen Zuständen vereinigt. In dem bestimmten Rechtskreise, welcher auf diese Weise für die Einzelnen zu ungestörter Lebensentfaltung gewonnen wird, erblicken wir den Quell friedlicher Beziehungen derselben unter einander, das erste Erforderniss aller Kultur. Erst die *allgemeine Sicherheit* ist die realisirte *allgemeine Freiheit*, die gleiche Möglichkeit zu ungehemmten Spiel des Willens und der Kräfte für Alle. Indem das *subjektive Recht* des Einzelnen in dem gleichen subjektiven Recht aller Andern neben ihm seine Ausgleichung, sein Gegengewicht findet, erhalten wir das *objektive Recht* in seiner Gemeingültigkeit, als Lebensnorm der Gesammtheit.

Tritt hiernach in der Respektirung eines Jeden durch einen Jeden die *Gegenseitigkeit* als Grundlage des *Rechtslebens* der Gesellschaft auf, so geschieht dies in ebenso durchgreifender Weise im *Wirthschaftsleben* der Menschen. Ja, wenn die Gegenseitigkeit in ersterer Hinsicht sich nur in *negativer* Form bethätigt, als Enthaltung von Störungen, greift sie in letzterem Gebiete *positiv* ein, und das blosse Unterlassen gestaltet sich zum wirklichen Thun, zur Förderung unserer Mitmenschen durch positive Leistungen. Es geschieht dies in Folge des Naturgesetzes der *Arbeitstheilung*, welches, als unmittelbarer Ausfluss unseres Wesens, nicht nur den gesammten wirthschaftlichen Verkehr, sondern überhaupt alle Gebiete schaffender Thätigkeit der Menschen beherrscht. Vermöge der unendlichen Vielseitigkeit der Bedürfnisse bei den Einzelnen, wie der ausserordentlichen Verschiedenartigkeit in ihrer Begabung und Ausbildung, wie in ihrer äussern Lage, ist keiner von ihnen im Stande, ausschliesslich durch seine Leistungen auch nur entfernt den eigenen Bedarf herzustellen, sich auch nur das Nothdürftigste, geschweige denn das Nützliche, das zu einer angenehmen und würdigen Existenz Gehörige zu beschaffen. Vielmehr bleibt man stets auf die Leistungen der Andern dabei angewiesen, und muss dieselben sich zu verschaffen suchen. Da aber diese Andern sich genau in derselben Lage befinden, ebenfalls fremder Erzeugnisse zu ihrem Dasein nicht entbehren können, so wird dies natürlich nicht anders zu erreichen sein, als dass derjenige, welcher Produkte oder Dienste Dritter für sich in Anspruch nimmt, dafür dem Dritten Früchte seiner eigenen Thätigkeit gewähren muss, mittelst deren diese zu ihrem Bedarf gelangen. Nur bei einem solchen allseitigen Eingreifen ist die Bilanz zwischen Produktion und Konsumtion, die Herstellung der zu Befriedigung des Gesammtbedürfnisses erforderlichen Gesammtmasse von Gütern und Diensten, möglich, an welche jeder nach dem Maasse Anspruch hat, als er zu ihrer Herstellung beigetragen. *„Leistung für Leistung"* ist demnach die Formel, unter welcher die Gegenseitigkeit in der wirthschaftlichen Welt zur Geltung gelangt.

Damit wäre freilich die Sache am Ende, wenn der wirthschaftliche Prozess in der blossen Umwechslung von beiderseits bereit gehaltenen Erzeugnissen seinen Abschluss fände und nicht, gemäss seiner vielfach verzweigten Aufgaben, weit darüber hinausgriffe. In so einfachen, vorweg abgemachten Operationen vollzieht sich die Versorgung der Gesellschaft nicht, vielmehr modifizirt sich der Vorgang dabei auf vielfache Weise. Einmal sind die Bedürfnisse der Menschen eine dehnbare, stetig wechselnde Grösse, die sich nicht in der Art zum Voraus übersehen lässt, dass man die Befriedigungsmittel in richtigem Maasse immer zum Voraus bereit halten könnte. Andererseits spielt wiederum die Vorsorge für die Zukunft eine grosse Rolle, und bei vielen Branchen der nothwendigsten Artikel sind weit in die Zukunft greifende Veranstaltungen zu ihrer Herstellung erforderlich. Wie engbegrenzt wäre der Verkehr, wenn er es lediglich mit dem Austausch der Resultate bereits abgeschlossener Arbeitsakte zu thun hätte, und nicht zugleich zu erst nach vorzunehmenden Arbeitsakten Anstoss gäbe, der zukünftigen Produktion zur Unterlage diente, in vielen Fällen sie erst ermöglichte! So aber treten in seinen vielverschlungenen Getriebe nicht blos wirkliche Leistungen, sondern auch

Versprechungen von Leistungen als Aequivalent der ersteren auf,
ohne das Prinzip der Gegenseitigkeit zu stören, welches vielmehr
dadurch erst zu seiner vollen Fruchtbarkeit sich entfaltet. Wie
oft giebt der Eine sein Produkt für eine von dem Andern erst in
Zukunft versprochene Gegenleistung hin, wie oft erfolgen Einigun-
gen über zukünftige Leistungen von beiden Seiten, zu deren Fertig-
stellung meist Aufwendungen aller Art erforderlich sind. Nur in
diesem Ineinandergreifen aller möglichen Richtungen der Thätigkeit, gespornt vom Bedürfniss der Gegenwart, wie von der Vorsorge um die Zukunft, liegt das Wesen eines geordneten *Haushalts*
der Gesellschaft, wie der Einzelnen, einer eigentlichen *Volkswirth-
schaft*, ohne welche an eine irgend befriedigende Lösung der Aufgabe nicht zu denken wäre. Nun aber ist es klar, dass dieser
ganze im Prinzip so einfache, in der Praxis so komplizirte wirthschaftliche Prozess in der erwähnten Weise gar nicht Statt finden
könnte, ohne Garantieen dafür: dass die bezüglichen Abkommen
von den Botheiligten auch innegehalten werden. Wer sollte dem
Andern das Produkt seiner Thätigkeit hingeben, Mühe und Kosten
zur Herstellung von Bedarf des Andern aufwenden und somit sich
der eigenen Existenzmittel zu Gunsten des Andern entschlagen,
ohne sicher zu sein, von diesem zur Zeit des eigenen Bedarfs die
Gegenleistung dafür zu empfangen? — Nicht blos die Nothdurft
eines Einzelnen, nein, die Versorgung der Gesammtheit beruht,
wie wir sahen, auf dem gegenseitigen Füreinandereintreten in den
wirthschaftlichen Thätigkeiten. Wirklich ist die Summe der für
Alle erforderlichen Befriedigungsmittel gar nicht anders zu beschaffen, und Alles, was hier störend eingreift, führt in weiterer
Folge zu allgemeinem Nothstand. Um dem vorzubeugen, hat daher
die Gesellschaft das allergrösste Interesse, die erwähnten Garantieen
in wirksamer Weise zu ordnen, und überall gilt dies als Haupt-
aufgabe jedes Gemeinwesens. So erhebt sich vor unsern Augen,
gleich einem Bau, der sein schützendes Dach über alle breitet,
die feste Ordnung vermögensrechtlicher Befugnisse und Pflichten
mit ihrer Hauptquelle, dem friedlichen *Vertragen* über die Leistungen, deren man sich gegenseitig untereinander versichern will.
Die Verantwortlichkeit aber, die Jeden für die freie Selbstbestim-

mung trifft, mit welcher er dabei seine Stellung nimmt, gestaltet sich zur *privatrechtlichen Haftung* für die Erfüllung der desshalb eingegangenen Verpflichtungen. In dem Augenblicke, wo, in Folge der Verheissung einer Gegenleistung von meiner Seite, ein Dritter das Produkt seiner Thätigkeit mir zu Gebot stellt, bindet mich mein eigener freier Willensakt, der Leistung des Andern meine verhiessene Gegenleistung folgen zu lassen. Diese Nothwendigkeit ist Produkt des Gebrauchs meiner Freiheit, diese Verpflichtung nur die Kehrseite der dadurch erworbenen Befugniss, über die Leistung des Andern zu disponiren. Das Gegentheil würde einen jener willkürlichen Eingriffe in den Rechtskreis des Andern enthalten, welche nicht geduldet werden können. Ob ich durch Anwendung brutaler Gewalt oder durch Verheissung einer Gegenleistung welche nicht erfolgt, mich in den Besitz fremder Arbeitserzeugnisse setze, bleibt sich sowohl hinsichtlich der Gemeinschädlichkeit, wie hinsichtlich der Folgen für die Betheiligten gleich, selbst wenn eine Täuschung nicht von Haus aus beabsichtigt war. Denn jedenfalls wird der Geschädigte wider alles Recht der Früchte seiner Thätigkeit für seine eignen Lebenszwecke beraubt, und der Schädiger geniesst dieselben ebenso wider alles Recht, indem der zur legitimen Uebertragung an ihn erforderliche Willensakt durch den Wegfall seiner Voraussetzung nichtig wird. Da der Schädiger durch solches Verhalten die Grundbedingungen verletzt, unter welchen allein die wechselseitige Aushülfe im wirthschaftlichen Verkehr sich vollziehen kann, und in ihnen das Prinzip der Gesellschaft antastet, setzt er sich selbst ausserhalb derselben, als Feind, den sie um der eigenen Existenz willen, mit allen Mitteln zu bekämpfen hat.

Feststellung der Haftart durch das Gesetz, mit Anschluss der Wahl der Betheiligten.

Mittelst des Vorstehenden glauben wir dargethan zu haben: dass bei Ordnung der privatrechtlichen Stellung irgend eines Rechtsinstituts durch die Gesetzgebung die Feststellung der Haftbarkeit der Betheiligten nicht dem Belieben derselben überlassen

werden darf, sondern allein dem Gesetzgeber gebührt. Bei jedem
einzelnen Geschäftsabschluss, wie bei jedem Gewerbe oder Geschäftsbetrieb im Ganzen, ist die *Haftbarkeit* dasjenige Moment,
wo der staatliche Rechtszwang eintritt. Mit ihm aber hat es das
politische Gesetz gerade zu thun, da dessen Aufgabe auf dem Gebiete des Vermögensrechts wesentlich darin besteht, eine *natur-*
rechtliche Verbindlichkeit zu einer *zwangsrechtlichen* zu machen,
die Bedingungen und Formen festzusetzen, nach welchen durch
die öffentliche Gewalt die Erfüllung übernommener Verpflichtungen
erzwungen werden kann. Diesen Punkt, um dessentwillen das
Gesetz hauptsächlich gegeben wird, offen und der Bestimmung
von irgend einer andern Seite her überlassen, läuft daher im
Grunde darauf hinaus, die ganze Angelegenheit der gesetzlichen
Regelung mehr oder weniger zu entziehen. So kann der Gesetzgeber nicht verfahren, will er nicht den Verkehr der Gefahr aus-
setzen, sich im Gewirr widerstreitender Sonderinteressen zu verwickeln. Die Frage der Haftbarkeit ist eben der Art, dass bei
deren Ordnung die Forderung der betheiligten Einzelnen, des Be-
rechtigten und Verpflichteten, auseinander gehen und nur im allgemeinen Interesse der Gesammtheit der Ausgleichungspunkt dafür
gefunden werden kann, welches im Gesetz, als dem Akt des Ge-
sammtwillens, seinen Ausdruck findet. Jemehr der freien geschäftlichen Bewegung der möglichste Spielraum zu sichern ist, um so
mehr muss andererseits auf die definitive Feststellung desjenigen
Moments Bedacht genommen werden, durch welches die Verantwortlichkeit für den Gebrauch dieser Freiheit in Wirksamkeit tritt.
Der Gesetzgeber hat daher jedesmal die wirthschaftliche und rechtliche Natur des Verhältnisses zu prüfen, welches die gesetzliche
Sanktion erhalten soll, und hiernach die Haftbarkeit der Betheiligten in einer Weise zu bestimmen, welche deren geschäftliche
Bedürfnisse mit den für den Verkehr im allgemeinen Interesse
unerlässlichen Garantien in Einklang setzt. Dass er dabei auf
zwei direkt entgegengesetzte Richtungen zugleich hingewiesen werden könnte, dass zwei einander ausschliessende Haftarten, wie die
beschränkte und *unbeschränkte*, aus dem Wesen eines und desselben
speziellen Rechtsinstituts abgeleitet werden könnten, müssen wir

im Allgemeinen bestreiten. Eben diese Spezialität setzt schon
begrifflich ein einheitliches Rechtsfundament voraus, aus welchem
die Folgerungen in den Einzelheiten des Gesetzes sich nur nach
einer bestimmten Seite hin treffen lassen, will man nicht in innere Widersprüche verfallen. Abweichungen hiervon werden meist
auf mangelhafte Begriffsunterscheidungen, auf Vermengung des
nicht Zusammengehörigen zurückzuführen sein, wie wir dies hinsichtlich der Behandlung der Genossenschaften im *Bairischen* Entwurfe und *Sächsischen* Gesetz oben nachgewiesen zu haben glauben.
Durch Zusammenwerfen von Vereinen aller Branchen, welche vermöge ihres verschiedenen Charakters eine verschiedene Haftbasis
erforderten, hat man sich dort genöthigt gesehen, weil man mit
einer Art der Haft für alle nicht auskam, alle Arten der Haft
für jede einzelne Klasse zuzulassen, und auf diese Weise die gerügten Unzuträglichkeiten herbeigeführt*).

Dass die Praxis der Gesetzgebung in diesem Punkte auf unserer Seite steht, ergiebt schon ein flüchtiger Umblick in den
Rechtsbüchern der verschiedenen Staaten. Vielfach gilt die Art
der Haftbarkeit für sich allein schon als Markstein, welcher eine
scharfe Abgrenzung der einzelnen Institute und spezielle, meist
örtlich getrennte Festsetzungen in Betreff ihrer rechtlichen Voraussetzungen und Folgen bewirkt. Das mit unserem Gegenstande
eng zusammenhängende *Gesellschaftsrecht* des *Allgem. Deutschen
Handelsgesetzbuchs* mag uns darin als Fingerzeig dienen. Hier
sehen wir die einzelnen Arten der *Handelsgesellschaften* lediglich
nach der Verschiedenheit der Haftpflicht in ihrem Rechtsbegriffe
bestimmt und streng auseinander gehalten, daraus auch für jede
in einem besonderen Abschnitte die Bedingungen ihrer Errichtung,

---

*) Ein unbewusstes Zeugniss dafür findet sich in den *Motiven zur
Gesetzesvorlage der Sächsischen Regierung* (Dekret v. 17/12. 68. No. 106
Seite 656) wo ausgesprochen wird, „dass die Vorschriften über Genossenschaften mit *unbeschränkter Haftpflicht* vor Allem auf die die Selbsthülfe
der arbeitenden Klassen erzielenden Genossenschaften als *Vorschuss*-,
Konsumtions- und *Produktiv-Vereine*, Anwendung finden." Trotzdem dass
also der Gesetzgeber selbst eine bestimmte Art der Haftpflicht für diese
Gattung von Vereinen für angemessn erklärt, lässt er auch für sie die Annahme der entgegengesetzten Art, wenn auch nur formell, zu.

wie die Formen und rechtlichen Folgen ihrer Geschäftsoperationen abgeleitet. Ueberall aber geschieht die Anordnung der Haftbarkeit in kategorischer Weise, ohne Zulassung irgend einer Alternative. Und dass die *Personalgenossenschaften*, in keiner dieser Beziehungen zu einem anderen Vorgehen in der Gesetzgebung Anlass bieten, werden wir ausser dem schon beigebrachten, im nächsten Abschnitt zeigen.

2.

Die Feststellung der Haftbarkeit bei den Personal-Genossenschaften.

Gehört es nach alledem zur Aufgabe des Gesetzgebers bei jedem privatrechtlichen Institut die Haftbarkeit der Betheiligten nach dessen Spezialität einheitlich und definitiv anzuordnen, so haben wir uns nunmehr für eine bestimmte Art derselben, als die den rechtlichen Verhältnissen und wirthschaftlichen Aufgaben der Personal-Genossenschaft entsprechende, bei Regelung ihrer gesetzlichen Stellung zu entscheiden.

Die Verschiedenheit der uns vorliegenden Gesetze hierin ist eine durchgreifende. Neben der Statuirung einer Wahl der Genossenschaftsmitglieder zwischen beschränkter und unbeschränkter Haftbarkeit, die uns in der vorstehenden Abtheilung beschäftigte, erhält in den Gesetzen, in denen die definitive Feststellung dieses Punktes erfolgt ist, bald die eine, bald die andere Haftart den Vorzug. In dieser Hinsicht stehen namentlich die *Englische consolidirte* Industrial- und Provident-Societies-Act und das *Französische Gesetz* mit der limitirten Haft dem *Preussisch-Norddeutschen Gesetz* entgegen, welches die unbeschränkte Haft der Mitglieder für die Genossenschaftsverbindlichkeiten durchführt.

Wie man sieht, befinden wir uns an dem Kernpunkte unserer Untersuchungen. Haben wir uns im vorigen Abschnitt mit dem *Rechtsgrunde* der privatrechtlichen Haftbarkeit überhaupt beschäftigt, so müssen wir nunmehr auf das *Objekt* derselben eingehen, und der Frage „*wesshalb* haftet man?" die andere: „*womit haftet man*, womit steht man für Erfüllung übernommener

privatrechtlicher Verpflichtungen ein?" folgen lassen. Nur durch
eine solche Rückführung des Verhältnisses auf seine natürliche
Unterlage gewinnen wir einen sicheren Halt für die zu treffende
Entscheidung.

Die persönliche Haftbarkeit als natürliche Regel bei privatrecht-lichen Verpflichtungen.

Der *Grund* der Haft giebt uns zugleich den Schluss auf ihr
Objekt an die Hand. Finden wir diesen Grund in der *Verant-wortlichkeit* des Menschen für den Gebrauch seiner Freiheit, also
in demjenigen Moment, welches ihn in das Rechts- und Wirth-schaftsleben der Gesellschaft überhaupt erst einführt, ihn zum
Träger von Rechten und Pflichten macht, so sehen wir uns auf
seine Persönlichkeit hingewiesen, welche bei dem ganzen Verhält-niss wesentlich afficirt wird. Der wirthschaftliche Prozess, in
welchem dasselbe auf das Tiefste eingreift, ist so innig mit der
Existenzfrage jedes Einzelnen von uns verknüpft, dass man eben
sich selbst, seine Person dabei einsetzen muss, um seine Stellung
darin auszufüllen. Das Prinzip der Gegenseitigkeit, welches hier
herrscht, bringt es eben nicht anders mit sich, als dass der Erwerb
von Rechten durch die Uebernahme von Pflichten bedingt wird.
Worauf — so fragen wir — sieht sich Jeder bei solchen ver-mögensrechtlichen Abschlüssen den Andern an, was ist ihm gut
dafür, dass der Andere seinen Verbindlichkeiten nachkommen wird?
— Sicher der ganze Mensch, seine Tüchtigkeit, die Summe der
Eigenschaften, und Zustände, welche den Willen, wie die Möglich-keit n Bezug auf die Erfüllung der eingegangenen Verpflichtungen
voraussetzen lassen. Die *öconomische Leistungsfähigkeit* eines
Menschen ist es, welche seinen Mitmenschen in den genannten
Beziehungen einsteht, an welche sie sich halten, mit anderen
Worten: seine *Persönlichkeit von der wirthschaftlichen Seite*, sie
ist das Objekt der Haft für alle auf das Vermögen bezüglichen
Verpflichtungen.

Freilich ist eine solche einzelne Seite unserer Persönlichkeit,
von deren Totalität, als dem Inbegriff aller Rechtsfähigkeit, der
Gewähr voller Lebensbethätigung auf allen Gebieten menschlichen

Daseins, nicht leicht zu trennen. So strenge hat man es daher im Alterthum, in den frühesten Gestaltungen staatlicher Rechtsordnung, damit genommen, dass man die wirthschaftliche Leistungsfähigkeit des insolwenten Schuldners nicht anders, als in seiner gesammten Rechtsfähigkeit treffen zu können meinte, dass man ihn der Persönlichkeit überhaupt, seiner Freiheit für immer beraubte, dem Gläubiger gegenüber als blosses Rechtsobjekt betrachtete, ihn als Sklaven, die Person an Stelle der schuldigen Leistung, jenem überlieferte. Und selbst nach Beseitigung dieser äussersten Härte hat sich die mangelhafte Auffassung des obwaltenden Verhältnisses bis auf unsere Tage geltend gemacht. An die Stelle der *Schuldknechtschaft* trat die *Schuldhaft*, an die Stelle der immerwährenden die zeitweise Freiheitsberaubung oder Suspension der Persönlichkeit, welche nicht den Missgriff selbst abstellte, sondern nur die Folgen für den Schuldner milderte. Erst der aufgeklärten Gesetzgebung unserer Tage war es vorbehalten, jene Scheidung zu vollziehen, und die Schuldhaft zu beseitigen, indem sie den Grundsatz festhielt: dass der gegen den säumigen Schuldner anzuwendende Zwang nicht weiter gehen dürfe, als sein Zweck, die Befriedigung des Gläubigers, es durchaus erfordere, weil sonst das Gegentheil von dem bewirkt wird, was bewirkt werden soll. Die wirthschaftliche Leistungsfähigkeit des Menschen, durch deren Bethätigung allein er seine Verpflichtungen genügen kann, soll nicht irgendwie durch exekutivische Massregeln gebrochen, sondern zu Gunsten des Gläubigers möglichst gesteigert werden. Als Seite seiner Persönlichkeit ist sie an deren Lebenselement, den freien Gebrauch des Willens und der Kräfte, dergestalt gebunden, dass sie damit steht und fällt. Die Persönlichkeit eines Menschen überhaupt aufheben oder auch nur zeitweise suspendiren, hat daher nothwendiger Weise, so lange dies dauert, zugleich die Aufhebung, zum mindesten die Lähmung der ökonomischen Leistungsfähigkeit desselben zur Folge. Dies läuft aber nicht blos gegen des Gläubigers wahres Interesse, sondern zugleich gegen das der ganzen Gesellschaft. Denn sofern dieselbe zur Beschaffung des Gesammtbedürfnisses auf die Gesammtkräfte ihrer Mitglieder angewiesen ist, wird sie durch Maassregeln

in Mitleidenheit gezogen, welche ihr die Mitwirkung Einzelner
bei Lösung der Gesammtaufgabe entziehen. Sie soll daher, wenn
Jemand in einem Falle mit dem Maass seiner Leistungen hinter
seinen Verpflichtungen zurückbleibt, nicht die Hand dazu bieten,
ihn überhaupt leistungsunfähig zu machen, weil ja dadurch die
wirthschaftliche Unterbilanz bei ihm nicht abgestellt, sondern verstärkt, eine vielleicht nur vorübergehende in eine permanente ver-
wandelt, und obenein aus dem Privathaushalt des Betroffenen in
den Gesammthaushalt der Gesellschaft selbst hineingetragen wird.
Dagegen hat man den einzigen wirksamen Weg eingeschlagen,
die ökonomische Leistungsfähigkeit mittelst des Rechtszwanges
heranzuziehen, ohne die Persönlichkeit selbst in ihrem innersten
Kerne anzutasten. Statt an die *Freiheit* des Schuldners, hält
man sich an sein *Vermögen*. Dieses, das Vermögen, wird Exeku-
tionsobjekt; das Vermögen, der Inbegriff dessen, was Jemand
auf wirthschaftlichen Felde geschafft hat, und noch zu schaffen
vermag, seine jetzt oder in Zukunft *realisirte Leistungsfähigkeit*
in ihren greifbaren Resultaten, gleichsam der Abdruck der Persönlichkeit in der Sachenwelt, die konkrete Summe ihrer ökono-
nomischen Potenz. Demnach unterliegt die gesammte Habe des
Schuldners, die gegenwärtige wie die zukünftige, dem Recht des
Gläubigers, Befriedigung daraus zu suchen. Selbstverständlich
kann bei augenblicklicher Insufficienz des Schuldnerischen Vermögens das Schuldverhältniss keineswegs als abgeschlossen be-
trachtet werden. Gerade die Gewähr der Freiheit, welche den
Schuldner befähigt, das im Augenblick Mangelhafte seiner Leistung durch fernere Thätigkeit nachzuholen, hält seine Verpflichtung aufrecht, wenn er später etwas vor sich bringt, dem Gläubiger daraus gerecht zu werden. Darin aber liegt für Jeden, bei
dem überhaupt von einem Wiederaufkommen noch die Rede ist,
der Sporn, sich von der Verpflichtung zu lösen, dass er, so lange
dies nicht geschehen, der Früchte seines Thuns nicht froh wird.
So ist überall die Regel, und Niemand kann den Gläubiger auf
den augenblicklichen Stand seiner Habe, oder auf ein spezielles
Stück davon beschränken, soweit nicht die ausdrückliche Einwilligung desselben entweder bei oder nach dem Geschäftsabschlusse

Statt gefunden hat, wie z. B. bei einer vom persönlichen Schuld-
nexus völlig getrennten Hypothek. In diesem und ähnlichen Fällen
liegt ein ausdrücklicher Verzicht auf Einsetzung der Persönlichkeit des Schuldners vor, und der Gläubiger hat anstatt der Leistungsfähigkeit desselben überhaupt, ein bestimmtes Produkt frü-
herer Leistungen als Befriedigungsobjekt angenommen. Indessen
ist dies doch Alles nur bei einzelnen, bestimmten Geschäftsabschlüssen, als Ausnahme, zulässig, und auch selbst da nicht ohne aus-
drückliches Uebereinkommen. Auf keinen Fall aber gilt es für
den Haushalt, den Gewerbe-, oder Geschäfts-Betrieb eines Menschen, rücksichtlich deren Activ- und Passiv-Standes, im Ganzen.
Kein Kaufmann, Fabrikant oder Handwerker, überhaupt kein wirth-
schaftender Mensch kann irgendwie festellen oder prätendiren:
er hafte für die Verbindlichkeiten seiner Wirthschaft oder seines
Gewerbes nur mit diesen oder jenen Vermögenstücken, oder bis
zum Belauf einer bestimmten Summe, mit der Wirkung: dass nun
bei Insufficiens seines Vermögens der Ueberschuss über jene Haft-
objecte ihn von den Gläubigern freigelassen werden müsste. Dergleichen wird nirgends gestattet, vielmehr die volle Verantwortlichkeit, die unbeschränkte Haft mit dem ganzen Vermögen, überall als unentbehrliches Fundament des wirthschaftlichen Verkehrs
festgehalten.

Die Solidare Haftpflicht Mehrerer.

Haben wir demnach in der persönlichen oder unbeschränkten
Haftbarkeit des Einzelnen die natürliche Regel bei privatrechtlichen Verpflichtungen, so ergiebt sich das *solidare* Einstehen
Seitens *mehrerer* Mitverpflichteter, welche dabei nicht ausdrücklich
zu bestimmten Antheilen konkurriren,, als die eigentliche Konsequenz von selbst. Sie müssen Alle für Einen, und Jeder für das
Ganze dem Gläubiger gerecht werden, dieses folgt aus der gemeinsamen Vornahme des verpflichtenden Aktes und aus ihrem
gemeinsamen ungetheilten Interesse daran, namentlich wenn die
Verpflichteten als eine Gesammtheit gehandelt haben, die Verbindlichkeit in Verfolgung ihres ungetheilten Gesammtinteresse

eingegangen sind. Der Gläubiger hat ihnen alsdann nur Allen
zusammen das Ganze kreditirt, sich nicht mit jedem Einzelnen
auf einem Theil (in quanto oder in quota), eingelassen, und der
Schuldverband würde auf unzulässige Weise in seinem inneren
Wesen umgewandelt, wenn die Schuldner den Gläubiger an jeden
von ihnen auf Einziehung bloser Antheile verweisen könnten. Das
ursprünglich einheitliche, ungetheilte Creditgeschäft würde dadurch
in so viel Einzelgeschäfte zerlegt, als Theilverpflichtete vorhanden
wären *)

Die beschränkte Haftbarkeit bei kommerziellen Gesellschaften.

Schon in der Einleitung haben wir auf Abweichungen von
den vorstehend entwickelten Grundsätzen hinsichtlich der Haftbasis
und Etablirung einer von der Persönlichkeit abgezogenen auf
sachliche Gegenstände, meist bestimmte Kapitalbeträge, beschränkten
Haft bei *commerciellen Gesellschaften* hingedeutet, und diese Er-
scheinung wesentlich mit der modernen Wirthschaftsentwickelung
in Zusammenhang gebracht. Allerdings kommen von Alters her in
den verschiedenen Rechtssystemen *fingirte Persönlichkeiten*, blosse
Vermögensmassen als Träger von Rechten und Pflichten vor, z. B.
Gemeinden und Kollegien, deren dauernde Zwecke in den Personen
und Einzelinteressen der jeweiligen Mitglieder nicht aufgeben.
Allein bei Gesellschaften zu kommerziellen Zwecken, im Dienst
der wechselnden Interessen der jeweiligen Mitglieder und gebildet
durch Einwerfung von Antheilen ihres beweglichen Vermögens,
mit einer auf diese beschränkten Haftbarkeit für die Gesellschafts-
verbindlichkeiten, ist die Einrichtung neueren Datums, unmittelbar

---

*) Dass hier von der verschiedenartigen Gestaltung des berührten Ver-
hältnisses in den verschiedenen staatlichen Gesetzgebungen ganz abgesehen
wird, und es sich nur darum handelt, die natürlichen Folgerungen aus dem
von uns aufgestellten Haftprinzip in Bezug auf mehrere Mitverpflichtete
zu ziehen, brauchen wir wohl kaum zu bemerken. Doch ist die Solidarhaft als Regel nicht blos im Preussischen Landrecht, sondern in Handelssachen (und mit ihnen haben es die Genossenschaften zu thun) für ganz
Deutschland in Art. 269. 280. 281. Allg. Deutsches Handesgesetz-Buch anerkannt.

entsprungen dem wirthschaftlichen Bedürfniss unserer Tage. Die Aufbringung der grossen Kapitalien zu den gewaltigen Unternehmungen, wie sie täglich vor unseren Augen entstehen, ist nur durch das Zusammentreten einer grösseren Zahl von Unternehmern zu ermöglichen. Nun bleibt aber das Risiko dabei doch gerade für solche Theilhaber, welche hauptsächlich die Mittel dazu hergeben können, höchst bedenklich, wenn sie unbeschränkt und solidarisch dafür eintreten sollen. Ungeheure Summen stehen dabei auf dem Spiele, und der Umfang der bei schlimmen Gange der Geschäfte zu deckenden Verpflichtungen, wie der den Einzelnen treffende Antheil davon, lassen sich nicht einmal annähernd übersehen, weil Jeder obenein auf Uebertragung von Ausfällen Mitverpflichteter gefasst sein muss. Will man also die Bildung solcher Gesellschaften ermöglichen, so muss man die Betheiligung daran activ und passiv, auf fest bestimmte Beträge beschränken, und die Theilhaber mit ihrem übrigen Vermögen ganz davon loslösen. Natürlich, Leute, die bereits etwas vor sich gebracht haben, sich ohnedies schon in gesicherten Lebensverhältnissen befinden, dabei nicht erst ihren Erwerb zu suchen haben, mögen wohl einen bestimmten, grösseren oder geringeren Einsatz aus ihrem Vermögen an ein solches, jede Einzelkraft übersteigendes Unternehmen wagen, nicht aber ihre ganze wirthschaftliche Existenz dabei auf das Spiel setzen. So gelangen wir zur *Kapitalgenossenschaft* mit der ihrem Wesen einzig zusagenden „*beschränkten Haftbarkeit.*" Durch Zusammenwerfen von Kapitaleinlagen wird eine Vermögensmasse geschaffen und mit rechtlicher Persönlichkeit ausgestattet. Sie allein steht als Trägerin des Unternehmens da, erwirbt Rechte und geht Verbindlichkeiten auf ihren Gesammt-Namen ein, für welche letztere aber eben auch nur *sie allein* haftet, ohne dass bei ihrer Erschöpfung die Einleger, die Aktionäre, irgend weiter dafür in Anspruch genommen werden könnten, deren ganze Verpflichtung sich auf Einzahlung der von ihnen zum Gesellschaftsfond gezeichneten Kapitalbeträge (Aktien) beschränkt.

In diesen Gründen der Entstehung von Kapitalgenossenschaften oder Aktiengesellschaften liegt zugleich ihre *wirthschaftliche Berechtigung.* Sie entsprechen einen unabweislichen Bedürfnisse un-

serer Zeit, die industrielle Entwickelung drängt darauf hin. Nicht
blos Privatunternehmungen im grossen Styl wären ohne sie in
vielen Fällen unmöglich, oder blieben das Monopol weniger Hände,
sondern man könnte auch an eine Menge der wichtigsten gemeinnützigen Unternehmungen gar nicht denken, wobei wir an Eisenbahnen, Kanäle, Bergwerke u. dergl. erinnern. Nur mittelst ihrer
wird man die Ansammlung von Privatkapitalien in dem Maasse
wie es zu dem vorgedachten Zwecken erforderlich ist, in das Werk
setzen, und ausserdem eine höchst wichtige Ausgleichung zwischen
Klein- und Gross-Besitz ermöglichen, insofern man es in der Hand
hat, bei Bemessung der Aktienbeträge auch den kleinen Kapitalien die Theilnahme zu ermöglichen.

Bedingungen der Zulassung der beschränkten Haftbarkeit.

Aber dieser Berechtigung, dieser Nothwendigkeit der Zulassung
solcher kommerziellen Gesellschaften mit beschränkter Haftbarkeit
steht auf der andern Seite ebenso gebieterisch die Nothwendigkeit
gegenüber: die *wegfallende persönliche Verantwortlichkeit der
Theilhaber für die geschäftlichen Operationen ihrer Gesellschaft
durch andere, sachliche Garantien zu ersetzen.* Das Gesetz kann
unmöglich die Hand dazu bieten, durch Lockerung der Verlässig-
keit rechtlicher Verpflichtungen, dem Betrug und Schwindel Thür
und Thor zu öffnen und die Grundlage alles gesunden Verkehrs
zu erschüttern. Ohnehin bleibt die Loslösung der Haft von der
persönlichen Verantwortlichkeit, als dem von der Natur selbst gegebenen wirksamsten Sporn zu Umsicht und Redlichkeit in geschäftlichen Beziehungen, in allen Fällen bedenklich. Je grösser,
je weitverzweigter also die Interessen sind, in welche jene Gesellschaften eingreifen, unsomehr ist es von Nöthen, dem mit ihnen
negociirenden Publikum feste Anhaltspunkte zu gesicherten Geschäftsverbindungen zu bieten, durch welche allermindestens einer unred-
lichen Abwälzung eingegangener Verbindlichkeiten entgegengewirkt
wird. In diesem Streben ist die gesetzgeberische Praxis überall
zu einigen Grundforderungen gelangt, deren unerlässliche Nothwendigkeit allerdings so augenfällig ist, dass eine Zulassung von

Gesellschaften mit beschränkter Haftbarkeit, welche diesen nicht genügen, als ein Hohn auf die staatliche Rechtsordnung erscheint. Wir stellen der Erörterung dieser Bedingungen einen Grundsatz voraus, welcher im Allgemeinen für alle Geschäfte gilt, die dem Gläubiger wegen Erfüllung der Verbindlichkeit nur das Recht auf eine bestimmte Sache, nicht auf das ganze Vermögen des Schuldners ertheilen, den nämlich:

»dass das Vermögensstück, welches Objekt der Haft ist, von allen andern wohl unterschieden, in seinem Bestande und Werthe — in Quantität und Qualität — fest bestimmt und darin unter Ausschluss aller einseitigen Dispositionen des Schuldners erhalten werden kann.«

Diese selbstverständliche Voraussetzung ist bei einzelnen hierher gehörigen Geschäftsabschlüssen leicht und in durchaus zutreffender Weise zu realisiren, z. B. im *Pfand-* und *Hypotheken-Verkehr*, oder bei ganzen Vermögensmassen, deren Bestand und Verwaltung unter öffentlicher Kontrole steht. Viel schwieriger stellt sich aber die Aufgabe rücksichtlich des Fonds einer *kommerziellen Gesellschaft*, welcher als ausschliessliches Haftobjekt an die Stelle der persönlichen Verantwortlichkeit der Theilhaber für die eingegangenen Verpflichtungen treten soll. Einer solchen Gesellschaft die Disposition darüber entziehen, ja auch nur in einer Weise beschränken, welche die freie geschäftliche Bewegung beeinträchtigt, heisst: den Zweck, zu welchem sie den Fond aufbringt, vereiteln, und damit das Bestehn der Gesellschaft unmöglich machen. Demnach erleidet der obige Grundsatz hier gewisse Modifikationen, lässt sich nur annähernd durchführen, soweit das Institut, auf welches er in Anwendung kommen soll, nicht in Erreichung seines Zweckes gehindert, und dadurch in seiner Existenz gefährdet wird. Und so ist es geschehen, dass in der gesammten Handelswelt, unter Berücksichtigung dieser Umstände, über die von kommerziellen Gesellschaften mit beschränkter Haftbarkeit zu erfordernden *Garantien* in den Hauptpunkten eine grosse Uebereinstimmung obwaltet, welche auch im *Allgem. Deutschen Handelsgesetzbuche* Ausdruck gefunden hat, auf welches wir deshalb unsere Bezugnahme beschränken.

An erster Stelle stellt sich hier als nothwendig dar: *„das Vorhandensein eines in sich fest bestimmten, von den Gesellschaftern eingeschossenen Kapitals, dessen Betrag und Bestandtheile auf zuverlässige Weise zur öffentlichen Kenntniss gebracht werden."*

Hat man hinsichtlich der Haft einer solchen Gesellschaft gegenüber nicht mit den Personen zu thun, sondern lediglich mit der von ihnen eingeworfenen oder gezeichneten Güter oder Geldmasse, so versteht es sich von selbst, dass man deren Summe und Bestandtheile kennen muss, um zu beurtheilen, ob und wie weit man in Geschäftsverbindung mit derselben treten kann. Andernfalls würde man sich mit einer völlig unbekannten Grösse einlassen, und jedes Anhaltes für den Umfang der mit derselben einzugehenden Engagements wie für die Realisirbarkeit seiner Anforderungen entbehren. Wie man bei der unbeschränkten Haft die wirthschaftlichen Qualitäten eines Menschen in das Auge fasst, in ihnen die erforderlichen Garantien sucht, so hat man eben bei einer blossen Gütermasse kein anderes Substrat dafür, als ihren Umfang und Werth. Daher erfordern die Gesetze:

1) dass der Gesellschaftsvertrag die *Höhe des Grundkapitals* und der einzelnen Antheile daran (Aktien) enthält;

2) dass der Vertrag vom Gericht in die öffentlichen Register eingetragen und seine wichtigsten Bestimmungen, insbesondere die Höhe des Grundkapitals und der Aktien, in den öffentlichen Blättern bekannt gemacht werde (cfr. Art. 209 No. 4, Art. 210 No. 4 Allg. Deutsches Handelsgesetzbuch).

Wenn indessen auf solche Weise, gleich bei der Einrichtung der Gesellschaft, dafür gesorgt wird, dass sich Jedermann, der mit ihr in Berührung kommt, über Plan, Umfang und Fundirung ihres Geschäfts auf leichte und verlässige Weise unterrichten kann, so führt dies doch nur in Verbindung mit einer weitern Massregel zum Zwecke. Das in Gesellschaftsgeschäft angelegte Kapital ist, je nach dem Verlaufe dieses Geschäfts, erheblicher Zu- und Abnahme ausgesetzt, somit eine wesentliche Veränderung des Haftobjekts im Verlaufe der Zeit in Aussicht gestellt. Hiervon aber muss wiederum das Publikum von Zeit zu Zeit sich Kenntniss

zu schaffen in den Stand gesetzt werden, soll nicht das Aufrecht-
halten der ersten Bekanntmachung in den öffentlichen Registern etc.
geradezu Täuschungen über den Vermögensstand der Gesellschaft
begünstigen. Als natürlicher Anhalt hierbei dient die *Bilanz*, der
ohnehin ganz allgemein nach Handelsrecht nothwendige Rechnungs-
abschluss am Ende jedes Geschäftsjahres mit Aktiv- und Passiv-
Status und Vermögensnachweis (cfr. Art. 28 u. flgd. Art. 239
Allgem. Deutsch. Handelsgesetzbuch) und deren Veröffentlichung.
Diese Veröffentlichung wird thatsächlich bei Gesellschaften von so
grosser Mitgliederzahl, wie Aktiengesellschaften schon durch die überall vorgeschriebene Mittheilung der Bilanz etc. an die Mitglieder
und Verhandlung darüber in der Generalversammlung gewahrt (cfr.
Art. 224, Art. 225, al. 2, Art. 239 Allg. Deutsch. Handelsgesetzbuch), und von diesen Gesellschaften nach allgemeinen Brauch
auch noch durch Publikationen in den öffentlichen Blättern im
eigenen wohlverstandenen Interesse zu voller Ausführung gebracht.
Würde man diesen durch die Natur des Verhältnisses geboten-
nen Vorgang durch Einreichung der Bilanz etc. bei dem Handelsgericht und Veröffentlichung durch dasselbe obligatorisch machen,
so könnte dann sehr füglich die Einmischung einer administrativen
Aufsichtsbehörde völlig beseitigt werden, wie sie das *Allgemeine
Deutsche Handelsgesetzbuch* für den Fall, dass das Grundkapital
auf die Hälfte gesunken ist, mit der Befugniss zur Auflösung der
Gesellschaft anordnet*). Sicher werden die Betheiligten, die Mitglieder der Gesellschaft so gut wie die Gläubiger, in solchem
Falle, wie überhaupt, wenn sie nur die erforderliche Kenntniss von der Sachlage erhalten, weit besser im Stande sein,
ihre Interessen wahrzunehmen und demgemäss über Auflösung oder
Fortführung des Geschäfts zu beschliessen, als die Behörde.

Die zweite unerlässliche Grundforderung, welche an dergleichen
Gesellschaften gestellt wird, eigentlich nur die Konsequenz der
ersten, ohne deren Hinzufügung diese sinn- und erfolglos sein
würde, lautet:

---

*) cfr. Art. 240 *Allg. Deutsch. Handelsgesetzbuch;* die Preussische, die
Nassauische u. a. *Einführungsverordnungen* dazu schreiben die Einreichung
der Jahresbilanz bei der Aufsichtsbehörde in allen Fällen vor.

„*dass der das Haftobjekt bildende Geschäftsfonds, das
von den Mitgliedern eingeschossene sogenannte Grundkapital, der Verfügung der Einzelnen völlig entzogen,
namentlich jede ganze oder theilweise Zurücknahme der
dazu gemachten Einlagen ohne ausdrückliche Zustimmung
der Gesellschaftsgläubiger unbedingt ausgeschlossen sein
muss.*"

Die absolute Nothwendigkeit dieser Maassregel leuchtet ein.
Den einzelnen Gesellschaftern muss die Verfügung über die von
ihnen in den Gesellschaftsfond eingeworfenen Antheile in ihrem
Privatinteresse durchaus entzogen, jede Vermischung dieser Antheile mit ihrem sonstigen Vermögen unbedingt ausgeschlossen werden, wenn auch nur entfernt von derjenigen gesonderten Existenz
des Gesellschaftsfonds die Rede sein soll, ohne welche er unter
keinen Umständen als ausschliessliches Haftobjekt in Betracht
kommen kann. *) Dem entgegen gestatten, dass die Mitglieder
ganz oder theilweise ihre Antheile, aus denen der Fond besteht,
während des Fortbestandes der Gesellschaft nach einseitigen Belieben und ohne förmliche Liquidation des Geschäfts herausziehen,
würde soviel sein, als die Haftbarkeit der Gesellschaft überhaupt
aufheben, die von ihr eingegangenen Verpflichtungen annulliren,
die Gläubiger des ihnen durch amtliche Kundgebungen angezeigten
Befriedigungsobjekts für ihre Forderungen berauben und sie vollständig der Gnade ihrer Schuldner Preis geben! Zu alledem würde
die Gesetzgebung mitwirken, wenn sie nur einen Deut von den
aufgestellten Forderungen Preis gäbe. Niemals darf das Gesetz
Mittel bieten und Wege offen lassen, auf denen man in bequem-
ster Weise sich seinen Verpflichtungen zu entziehen in den Stand
gesetzt wird, vielmehr ist das gerade Gegentheil sein Zweck.

---

*) Dass hierin der Grund liegt, aus welchem die beschränkte Haft-
barkeit bei dem *Wirthschafts-* oder *Geschäftsbetrieb eines Einzelnen* unmöglich zugelassen werden kann, wie wir oben andeuteten, mag beiläufig
bemerkt sein. Der Einzelne ist ausschliesslicher Disponent über sein Geschäft etc. wie über sein sonstiges Vermögen, und ein Auseinanderhalten
der beide berührenden Rechte und Pflichten, jede Kontrole zur wirksamen
Verhinderung von Hinterziehungen und Vermengungen deshalb unmöglich.

Desshalb finden wir denn auch den fraglichen Punkt in der Gesetzgebung überall in voller Strenge gewahrt. So sichert das
Allgem. Deutsche Handels.-Ges.-Buch den selbstständigen, der
Verfügung der einzelnen Aktionäre entzogenen Bestand des Grundkapitals für Aktiengesellschaften durch die Bestimmungen der Art.
216 alin. 2, Art. 223 alin. 2 u. 3, Art. 224, 227 und 234. Darnach sind die Verwaltung und jeder Einfluss auf die Geschäfte
den Einzelnen entrückt und in die Hände erwählter Vorstände oder
Beamten und der Generalversammlung gelegt.   Eine ganze oder
theilweise Zurückgewährung des Aktienkapitals an die Aktionäre,
während der Dauer, oder bei Auflösung der Gesellschaft, ebenso
wie seine Verschmelzung mit dem einer anderen Gesellschaft, dürfen stets nur mit Zuziehung der Gläubiger und nach öffentlicher
Bekanntmachung unter Mitwirkung des Handelsgerichts Statt finden.
Cfr. *Allg. Deutsche Handgesb.* Art. 243, 245, 247, 248; für jeden
die Gläubiger in ihrem Recht verkürzenden Verstoss gegen diese
Vorschriften haften die Vorsteher der Gesellschaft *persönlich und
solidarisch.*   cfr. Art. 241 alin. 2, Art. 248 alin. 3 loc. cit.

Die Art der Haftbarkeit bei den Personalgenossenschaften.

Haben wir hiermit das Verhältniss der unbeschränkten und
beschränkten Haft zu einander, die Voraussetzungen beider im Allgemeinen kennen gelernt, so sind wir nunmehr in den Stand gesetzt, zu entscheiden, welche von beiden für die von uns behandelten Genossenschaften sich nach deren wirthschaftlichen Charakter,
nach der Lage der dabei zumeist Betheiligten, in Gemässheit der von
uns aufgestellten Prämissen als angemessen ergiebt.   Dabei sind die
folgenden Erwägungen für uns maassgebend, vor Allem der von
uns bereits erwähnte fundamentale Unterschied in den Voraussetzungen, welche die in Rede stehende Haftarten rücksichtlich der
äussern Lage der bei ihren Organisationen Betheiligten machen.

Die *unbeschränkte*, oder *persönliche Haftpflicht* bietet in ihrem
Objekt, der wirthschaftlichen Leistungsfähigkeit, etwas uns allen
Gemeinsames, allen von Haus aus Inwohnendes. Jeder des Ge-
brauchs seiner Glieder und Vernunft nicht in abnormer Weise be-

raubte Mensch, selbst bei unvollkommener Entwickelung, besitzt
diese Fähigkeit in höherem oder geringerem Grade. Sie ist die Mit-
gift der Natur, unabhängig von aller Gunst der äusseren Umstände.
Ganz anders bei der *auf Kapitaleinschüsse der Theilnehmer beschränkten Haftbarkeit*, welche eine bereits thatsächlich bewährte Leistungsfähigkeit, wirkliche Erfolge von Leistungen auf
Seiten des Betreffenden voraussetzt, und zwar in einem solchen
Maasse, dass dabei ein Ueberschuss des Produkts über den Bedarf
erzielt ist, welcher dem Konsum des Inhabers entzogen, bei dem
Geschäft als Einsatz gewagt werden kann. Der Besitz eines
grössern oder geringern Betrags von disponiblem Kapital ist es
demnach, welcher unumgänglich dazu gehört, sich bei einem derartigen Unternehmen zu betheiligen. Dass und wie sich daher die
Genossenschaften je nach der verschiedenen socialen und finanziel-
len Lage derjenigen Bevölkerungsklassen, deren Bedürfniss sie
dienen sollen, hierzu verhalten, ist leicht abzunehmen, und ergiebt
sich die Richtigkeit des schon in den frühern Abschnitten geltend
gemachten Unterschiedes zwischen *Kapital-* und *Personal-Genossenschaften* dabei von selbst. Wie für die *Vereinigung von Kapitalisten* zu den angegebenen grosssartigen Unternehmungen die Zulassung der beschränkten Haft eine Lebensfrage ist, wie aber auch
nur sie im Stande sind, die nothwendige Unterlage derselben in
einem festen Kapitalstock aufzubringen, — so drängt bei den
Personal-Genossenschaften die Natur des ganzen Verhältnisses
zur unbeschränkten Haftpflicht der Mitglieder hin. Die sogen.
kleinen Leute, mittellose Handwerker und Arbeiter sind es vorzugsweise, welche ihren Stamm bilden, und diese befinden sich in den
meisten Fällen entweder gar nicht, oder in unzureichendem Maasse
im Besitze disponibler in ihrer Wirthschaft entbehrlichen Kapitals,
durch dessen Einlage in die gemeinschaftliche Kasse sie von Haus
aus einen genügenden Haftfond bilden könnten. Vielmehr wollen
sie sich durch ihr Zusammentreten erst den Weg bahnen zur Kapitalwirthschaft in Haushalt und Erwerb, wollen allmälig durch
den genossenschaftlichen Geschäftsbetrieb erst zu dem Punkte gelangen, auf welchem die Kapitalisten bei Gründung ihrer Gesellschaften sich bereits befinden. Das, was für letztere Anfangs- und

Ausgangs-Punkt ist, ist für sie Ziel- und End-Punkt, dem sie
mittelst ihrer Vereinigung erst zustreben. Wohl mag eine solche
gutgeleitete Personalgenossenschaft nach einer Reihe von Jahren
dem Stamm ihrer Theilnehmer soweit zu den Mitteln verhelfen,
welche zur Betheiligung bei einer Kapitalgesellschaft erforderlich
sind, aber bei ihrer Gründung ist dies rücksichtlich derjenigen
Bevölkerungsschichten, welche wir des Bedürfnisses halber vorzugsweise hier in das Auge zu fassen haben, nicht der Fall. Die
persönliche Leistungsfähigkeit derselben ist es vielmehr ausschliesslich, was sie bei dem Unternehmen einzusetzen haben, und was
sie daher rückhaltslos einsetzen müssen, wenn dasselbe überhaupt
Bestand gewinnen und Erfolg haben soll. Und dies ist gerade
die die Betheiligten unmittelbar berührende Seite der Sache.
Nicht blos das öffentliche Interesse steht der gesetzlichen Sanction
von haltlosen, der rechtlichen Unterlage entbehrenden Gestaltungen,
wie von *Kapitalgenossenschaften ohne Kapital*, entgegen, sondern
auch das Privatinteresse der dabei Betheiligten selbst. Wer soll
mit derartigen Gesellschaften sich in Geschäfte einlassen, wenn er
bei Erfüllung der von ihnen eingegangenen Verpflichtungen, in
Ermangelung jedes greifbaren Haftobjekts lediglich ihrer Willkür
Preis gegeben ist? — Und wird nicht der Mangel einer eigentlichen Kreditbasis, der sich hierin bei ihnen dokumentirt, jemehr
sie der unzureichenden eigenen Mittel halber, auf Kredit angewiesen sind, sich um so empfindlicher ihrem geschäftlichen Aufschwunge entgegenstellen? — Wir haben zum Ueberdruss in
Schrift und Wort gezeigt, wie sich das Verhältniss in dieser Beziehung praktisch gestaltet, und eine nahezu zwanzigjährige Praxis
der deutschen Genossenschaften hat es bestätigt. Der ökonomische
Werth, die wirthschaftliche Geltung des unbemittelten Arbeiters
besteht in seiner Arbeitsfähigkeit, in der Summe der persönlichen
Eigenschaften, von denen seine wirthschaftlichen Leistungen bedingt werden. Nun gilt aber im Verkehr, besonders auf dem
Kapitalmarkte, diese persönliche Kapazität eines sonst Mittellosen
für sich allein in der Regel nicht für sicher genug für die Kreditgewährung überhaupt, oder doch nicht für dieselbe im genügenden
Maasse und zu günstigen Bedingungen. Denn diese persönliche

Qualität ist einestheils zu vielen zum Theil gar nicht in der Gewalt des Kreditnehmers stehenden Unfällen ausgesetzt, anderntheils der Kontrole des Kreditgebers mehrfach entzogen. Dies ändert sich aber in dem Augenblicke, wo grössere Gruppen unbemittelter Arbeiter zu einem Geschäftsbetriebe zusammentreten und eine Gesammthaft organisiren, vermöge der die Einzelnen gegenseitig für einander eintreten und Jeder dem Gläubiger für das Ganze gut ist. Mögen dann auch Einzelne durch solche verschuldete oder unverschuldete Unfälle insolvent werden, so wird doch der auf Viele vertheilte Ausfall leicht übertragen, und der Gläubiger hat in der Solidarhaft Aller die beste Hypothek, da wohl isolirte Arbeiter, nicht aber grosse Arbeiterschaften insgesammt banquerott werden können, es müsste denn eine allgemeine Kalamität hereinbrechen, welche alle gewöhnlichen Sicherheiten überhaupt vernichtet oder suspendirt. Man sieht: wie das Zusammenwerfen kleiner an sich unzulänglicher Summen bei der Kapitalassociation erst den genügenden Garantiefond schafft, so gewährt die solidare Bindung einer grössern Zahl ungenügender Einzelner zu einer grossen Gesammt-Leistungsfähigkeit ein Fundament, welches bei gehöriger Organisation jenem materiell wohl an die Seite gesetzt werden mag, an sittlicher Kraft es überragt. Auf diesem durch Theorie und Praxis gleichmässig angezeigten Wege haben die *deutschen Genossenschaften* bisher ihr Kreditbedürfniss auskömmlich befriedigt, namentlich fremde Kapitalien zur Anlegung in ihren Geschäften in einem alle Erwartungen übersteigenden Maasse herangezogen. War dies schon unter vielfacher Ungunst der äusseren Verhältnisse möglich, wo den Bedenken und Schwankungen jedes ersten Bahnbrechens das Misstrauen der Staatsbehörden, der Mangel einer gesicherten privatrechtlichen Stellung hinzutraten — wie muss es sich erst für die kommende Zeit, nach Beseitigung dieser Uebelstände, nach Gewinnung eines in jeder Beziehung befestigten Bodens bewähren! — Und diesen bei uns gemachten Erfahrungen treten die in *England*, der frühesten Stätte genossenschaftlicher Bewegung, erreichten Resultate hinzu, vor denen die Berufung auf die neuere dortige Gesetzgebung, mit der man uns etwa entgegentreten möchte, als völlig unhaltbar zurücktritt. Es ist unbestreitbare Thatsache, dass die Englischen Genossenschaften, namentlich die bedeutenderen, wie die der *Pioniere von Rochdale*, während der *vor 1862*, gesetzlich für sie geltenden *unbeschränkten und solidarischen Haft* gross geworden sind. Besonders hatte die letzgenannte berühmte Association vor Zulassung der limitirten Haftbarkeit durch die Gesetzgebung von 1862, bereits ihre hohe Blüthe erlangt, und sogar — was hier besonders hervorzuheben ist — schon mehrere Aktiengesellschaften gegründet und dabei den alten strengen Forderungen der Englischen Gesetzgebung für derartige Gesellschaften vollständig genügt. Ihre Leistungen, auf die man sich hierbei immer beruft, sprechen daher nicht *gegen* sondern *für* unsere Ansicht, und nach welcher Richtung hin wirkliche Fortschritte in der Genossenschaftsbewegung durch die neuere Gesetzgebung in England bewirkt sind, ist bisher in keiner Weise nachgewiesen.

Ausser dem wirthschaftlichen Bedürfniss der *Personalgenossenschaften* selbst, dem Wesen und Zweck ihrer Einigung vermöge deren sie in der persönlichen und solidaren Haftbarkeit ihrer Mitglieder den Hebel ihres Kredits, die Basis ihrer Geschäfts-Operationen zu suchen haben, sind aber noch einige andere wichtige Momente in Betracht zu ziehen, welche in ihrem eigenen wie im öffentlichen Interesse verbieten, sie davon irgend wie zu entbinden.

Zunächst heben wir das Bedenkliche der Loslösung geschäftlicher Operationen jeder Art von der *persönlichen Verantwortlichkeit* der Betheiligten, worüber wir uns bereits im Allgemeinen geäussert, nochmals hervor. Je mehr das Vermögen, die wirthschaftliche Existenz der Menschen an den Ausfall der von ihnen unternommenen Geschäfte gebunden sind, mit desto grösserer Sorgsamkeit werden sie dabei zu Werke gehen, desto mehr werden sie sich vor gefährlichen Wagnissen hüten, darüber ist kein Streit. Schon bei den grossartigen Aktienunternehmungen, wie sie in unsern Tagen überall im Gange sind, hören wir immer häufiger die Klage über Mangel an strenger Gewissenhaftigkeit und Sorgsamkeit in der Verwaltung, die es mit den Fonds der Aktionäre nicht so genau nimmt, weil sie nicht aus eigenem Beutel, nicht unter

persönlicher Haft wirthschaftet. Dies in die Genossenschaften der
Handwerker und Arbeiter übertragen, hiesse aber eine Haupt-
aufgabe derselben verfehlen, die *Erziehung ihrer Mitglieder* zu
wirthschaftlicher und gewerblicher Einsicht und Tüchtigkeit, die
nur unter voller Heranziehung derselben bei der Geschäftsleitung
wie beim Geschäftsrisiko in dem Maasse erreicht werden kann, dass
sie ihre ganze Lebenshaltung mit dem *Bewusstsein der Verantwortlichkeit* für das eigne Geschick, durchdringt und in dem Privathaushalt, dem Privatgeschäft jedes Einzelnen, ihre wohlthätige
Rückwirkung äussert. Wer hieran irgendwie tastet, nimmt den
Genossenschaften einen grossen Theil ihrer Bedeutung, als Schulen
der Selbstverwaltung in engern und weitern Kreisen, schwächt ihre
wohlthätige Einwirkung auf gesunde sociale Bestrebungen, indem
er die geistige und materielle Seite derselben die sich gegenseitig
durchdringen und stützen müssen, soll wahrhaft Gedeihliches erreicht werden, auseinanderreisst.

Endlich als letztes durchgreifendes Moment, welches der Einführung der beschränkten Haftbarkeit für *Personalgenossenschaften*
entgegensteht, machen wir noch besonders die *Unmöglichkeit* geltend, *den unerlässlichen Forderungen zu genügen, von welchen
die Zulassung dieser Haftart nach unserer Ausführung abhängig
gemacht werden musste.* Abgesehen von der wirthschaftlichen
Lage der Mitglieder, welche dieselben, wie wir sahen, mit innerer
Nothwendigkeit zur unbeschränkten Haft hindrängt, liegt diese
Unmöglichkeit einfach in dem ihnen eigenthümlichen Gesellschaftsprinzip der *nicht geschlossenen Mitgliederzahl,* in dem von allen
Gesetzgebungen demgemäss gestatteten Ein- und Austritt von Mitgliedern während der Dauer der Genossenschaft. Darnach gebricht
es nämlich den Genossenschaften *erstens:*

　　„an einem *festen in sich bestimmten Grundkapital,* wie
　　es dem Publikum gegenüber als Haftobjekt für die Ge-
　　schäftsverbindlichkeiten, an Stelle der persönlichen Ver-
　　antwortlichkeit der Mitglieder, aufgestellt werden müsste".

Weder der *Betrag,* noch die *Bestandtheile* eines solchen
Grundkapitals lassen sich bei den Genossenschaften zu irgend
einer Zeit mit irgend einiger Sicherheit angeben. Einmal wechselt

Beides in unaufhörlichen Schwankungen mit dem täglichen Zu- und Abgang von Mitgliedern, da mit jedem Neueintretenden ein Geschäftsantheil mehr dem Kapital hinzutritt, ein jeder Austretende das von ihm dazu Eingezahlte wieder mit fortnimmt. Sodann fehlt bei diesen Antheilen die *Verpflichtung zur Vollzahlung.* Vielmehr hat der in den Statuten dafür festgestellte *Normalbetrag* nur die Bedeutung eines Zieles, zu dessen Erreichung die Einzelnen, unter Einhaltung gewisser Minimalsätze, geringe Monats- oder Wocheneinlagen beisteuern, nicht wie es das Bedürfniss der Kasse erheischt, sondern nach ihrer Konvenienz. Von dieser Verpflichtung können sie sich aber obenein durch den Austritt aus dem Verein jederzeit losmachen, gleichviel was bei der Summe ihrer Einzahlungen an jenem Normalantheil noch fehlt, dessen volle Gewähr bei dem grösseren Theile der Genossenschafter erst nach mehrjähriger Mitgliedschaft erwartet werden kann. Darin liegt aber der Unterschied von den *Kapitalgenossenschaften*, bei denen schon die *Zeichnung* soviel, wie die baare Einzahlung bedeutet, weil die Aktionäre, im Besitz bereiter Mittel, jeder von der Gesellschaftskasse nach Bedarf ausgeschriebenen Zahlung zu genügen im Stande, und sogar nach Abtretung ihrer Aktien persönlich bis zur Vollzahlung dafür verhaftet sind (Allg. Deutsches Handelsgesetzbuch Art. 223). Im vollsten Gegensatze hierzu gelangt der Hauptstamm der Genossenschafter, erst durch die mittelst der Genossenschaft selbst erhaltene Stütze in Wirthschaft und Erwerb in die Lage, dem erwähnten Ziele rascher und auskömmlicher zuzustreben, und durch gesteigerte Einzahlungen sowie Zuschlagung der Gewinnstdividenden aus dem Genossenschaftsgeschäft eine stärkere Ansammlung in seinen Geschäftsantheilen zu bewirken. Ob und wann daher diese Antheile auch nur annähernd auf den normirten Betrag gelangen werden, hängt vom Bestand und Erfolg des Genossenschaftsgeschäfts im Allgemeinen und der Dauer der Mitgliedschaft bei den Einzelnen ab — Dinge, die sich nicht vorher übersehen lassen. Nach alledem fehlt es an jedem Anhalt zu einer sichern Veranschlagung des Haft-Kapitals für die Geschäftsinteressenten. Weder die Zahl der Antheile, aus welchen das Kapital bestehen

soll, steht bei der wechselnden Mitgliederzahl fest, noch der Betrag der darauf in irgend einer Zeitperiode zu erwartenden Einzahlungen. Selbst wenn ich erfahre, welche Summe im Augenblick von so und so viel Mitgliedern eingelegt ist, bin ich wenig gebessert,
weil sich dies an jedem Tage wesentlich durch Steigen und Sinken der
Mitgliederzahl ändern kann. Alles was sich daher in dieser Hinsicht
von einer Personalgenossenschaft in Wahrheit konstatiren lässt, ist: ·

1) die ausgesprochene *Absicht* — von einer *Verpflichtung*
   kann bei der jederzeitigen Austrittsbefugniss der Mitglieder nicht die Rede sein — einer unbestimmten Anzahl
   von Leuten, durch Einwerfung von Antheilen bis zu einem
   gewissen Betrag, in kleinen ihnen bequemen Raten, im
   Laufe der Jahre einen Geschäftsfond zu bilden;

2) Die *Möglichkeit* der Erreichung dies Zieles, wenn die
   Dinge gehen, wie sie sollen, das Genossenschaftsgeschäft
   und die Mitgliedschaft dauernden Bestand gewinnen.

Wie man unter so bewandten Umständen zu dem für die
Loslösung der Mitglieder von der persönlichen Haft unerlässlichen
an deren Stelle tretenden *festen Kapitalsstock* gelangen will, ist
unerfindlich.

Ebenso wie an diesem ersten, gebricht es aber auch an dem
zweiten der für die beschränkte Haftbarkeit von uns aufgestellten
Requisite, wonach „die Mitglieder ihre zum Grundkapital eingezahlten *Antheile nicht einseitig, ohne Vorwissen der Gläubiger
aus der Gesellschaftskasse zurückziehen dürfen.*“ Natürlich ist
die Befugniss der Mitglieder zum Austritt aus der Genossenschaft
mit der Rücknahme ihrer in der Gesellschaftskasse angesammelten
Geschäftsantheile verbunden, und muss dies sein, will man die
ganze Maasregel nicht sinn- und wirkungslos machen. Den Austritt
mit dem Verlust des Geschäftsantheils in der Kasse verbinden,
würde für die Mehrzahl der Mitglieder, die hier ihre mühsam er-
sparten Groschen angelegt hat, soviel heissen, wie den Austritt
verbieten, und somit das genossenschaftliche Gesellschaftsprinzip
antasten. Dennoch kann die durch die Zurückziehung des Antheils bewirkte Schwächung des Grundkapitals bei Gesellschaften
mit beschränkter Haft nicht zugegeben werden, ohne die Haftbasis

zu zerstören, wesshalb einem Aktionär, der sich von dem Unternehmen zurückziehen will, nur die Abtretung oder das Aufgeben seiner Aktien, niemals die Rückforderung gestattet, und eine Reduktion des Aktienkapitals nur unter Zuziehung der Gläubiger zugelassen wird. So gelangt man von allen Seiten dahin, dass hinsichtlich der Haftart sich die *Kapital-* und die *Personal-Genossenschaft* zu einander als direkt Gegensätze verhalten und dass, was das Lebenselement der einen ist, dem Bestande der anderen feindlich entgegensteht, dass demnach sowohl das wirthschaftliche Bedürfniss der Betheiligten, wie die im öffentlichen Interesse erforderlichen Garantieen, eine grundverschiedene Ordnung dieses wichtigen Punktes durch das Gesetz bei beiden Gattungen der Genossenschaft zur Nothwendigkeit machen. Die in den angezogenen gesetzgeberischen Arbeiten gegen diesen Grundsatz gemachten Konzessionen beruhen daher auf einer Verkennung des Wesens der Personalgenossenschaft, und welche Unzuträglichkeiten sich daraus für die Praxis ergeben, soll· im III. Hauptabschnitt im Einzelnen nachgewiesen werden.

3.

Die Feststellung der Folgen der unbeschränkten und solidaren Haftbarkeit für die Genossenschaften und deren Mitglieder durch die Gesetzgebung.

So lange die Genossenschaften bei uns nach ihrem bisherigen Rechtszusande lediglich als eine Vielheit von Mitberechtigten und Mitverpflichteten aus gemeinsamen Geschäftsoperationen in Betracht kamen, entschied sich die obige Frage über die Folgen der Solidarhaft bei ihnen ganz einfach nach dem in jedem Lande gültigen gemeinen Recht. Was in dieser Hinsicht überhaupt für eine beliebige Mehrzahl von Personen galt, welche in einem vertragsmässigen Rechtsverhältnisse als Gläubiger oder Schuldner fungirten, das wurde auf die Mitglieder einer Genossenschaft ebenfalls angewendet, so lange die letzteren nicht als ein rechtsfähiges

Ganzes in Betracht kamen. Dies hat sich durch die neuere Gesetzgebung, wie wir im I. Abschnitte zeigten, überall geändert, und so ·musste in denjenigen Gesetzen und Entwürfen, welche die unbeschränkte solidare Haft für die Genossenschafter entweder ausschliesslich festsetzten oder alternativ zuliessen, darauf Bedacht genommen werden, diejenigen Modifikationen in der Geltendmachung dieser Haft gegen die Genossenschafter eintreten zu lassen, welche das neu geschaffene Verhältniss bedingt.

Denn dass die Verleihung der rechtlichen Persönlichkeit an die Genossenschaften, vermöge deren dieselben auf ihren Gesammtnamen Rechte erwerben und Verpflichtungen eingehen, eine völlige Umwandlung des bisherigen Schuldverbandes mit den Gläubigern bewirkt, ist augenfällig. Als rechts- und vermögensfähiges Ganzes tritt die Genossenschaft zwischen ihre Mitglieder und Gläubiger. Mit ihr, als selbstständigem Rechtssubjekt, schliesst man die Geschäfte, mit ihr haben es in Folge dessen die Gläubiger zunächst zu thun, nicht mehr mit den einzelnen Mitgliedern; an das Vermögen der Genossenschaft haben sie wegen Erfüllung der eingegangenen Verpflichtungen sich zu halten, nicht an das Privatvermögen der Mitglieder. Wenn dennoch das Gesetz den Mitgliedern die Solidarhaft den Genossenschaftsgläubigern gegenüber auferlegt, obschon dieselbe nach Vorstehendem aus dem mit einem andern Kontrahenten abgeschlossenen Geschäft an und für sich nicht abgeleitet werden kann, so folgt daraus allerwenigstens soviel: dass diese Haft nur *subsidiär* eintreten, und als Aushülfe dienen darf, für den Fall, dass das Vermögen des eigentlichen Verpflichteten, der Genossenschaft, zur Deckung solcher Forderungen nicht ausreicht. Denn wollte man dem entgegen, den Anspruch der Gläubiger an die Mitglieder in erster Linie zulassen, so dass diese sofort, mit Uebergehung des Hauptverpflichteten, in Angriff genommen werden könnten, so würde man gegen alle Rechtsprinzipien verstossen. Mit alleiniger Ausnahme des *Bairisches Entwurfs*, ist denn auch die Sache in den hierher gehörigen Gesetzen auf diese Weise geordnet. Während das *Preussisch-Norddeutsche Gesetz* und der *Oesterreichische Entwurf*, welcher sich dem ersteren hierbei völlig anschliesst, den Gläubigern erst

nach Feststellung ihrer Forderungen im Konkurse über das Ge-
nossenschaftvermögen das Recht ertheilen, sich wegen des dort
erlittenen Ausfalls, an die solidarisch verhafteten Mitglieder zu
halten, wodurch deren Verpflichtung einen *bürgschaftlichen* Charakter annimmt; lässt das *Sächsische Gesetz* einen direkten Anspruch der Gläubiger an die Mitglieder, wegen Deckung eines
solchen Ausfalls, überhaupt nicht, sondern nur deren Heranziehung
durch die Genossenschaft selbst zu diesem Behufe zu. Der *Bairische Entwurf* dagegen verordnet (Art. 39):

> „dass, in Folge der Eröffnung der Gant (des Conkurses)
> über das Genossenschaftsvermögen, zugleich die *Gant
> über das Privatvermögen jedes persönlich* (d. h. unbe-
> schränkt) *haftenden Mitgliedes eröffnet werden muss, so-
> bald ein Genossenschaftsgläubiger dies beantragt,*“

und gestattet zugleich: dass die Genossenschaftsgläubiger, wegen
des ihnen in der Gant der Genossenschaft *drohenden* Ausfalls,
gleichzeitig in den Ganten der Mitglieder als Gläubiger auftreten
können. Wir kommen auf diese Bestimmung noch besonders zurück, wenn wir zunächst den im Sächsischen Gesetz eingeschla-
genen Weg näher in das Auge gefasst haben.

Dieses Gesetz lässt nämlich zwar auch die Uebernahme einer
direkten Haftpflicht der Mitglieder einer Genossenschaft gegen
deren Gläubiger, jedoch nur als Ausnahme zu, welche im Statut
besonders, nebst *Umfang, Dauer und den Voraussetzungen ihres
Eintritts,* bestimmt werden kann. Dagegen hält es als Regel fest:

> „dass die unbeschränkte Haftpflicht der Mitglieder nur
> der Genossenschaft gegenüber Platz greift, so dass die-
> selben solidarisch soviel zur Gesellschaftskasse beitragen
> müssen, als der Bedarf der Genossenschaft erfordert,“

und leitet dies aus der Qualifikation der Genossenschaft als *juristische Person* ab. (Cfr. §. 11, Nr. 6 und sub fine. §. 61 des
Sächs. Ges. u. Motive zu §. 67.)

Wir verweisen zunächst, wegen Zulassung der *direkten* Haftpflicht nach *Wahl* der Genossenschaften, auf das zu No. 1 dieses
Abschnittes Beigebrachte. Ausserdem fügen wir aber noch die Frage
hinzu:

„was daraus entstehen soll, wenn jeder einzelnen Genossenschaft überlassen bleibt, den *Umfang*, die *Dauer* und *Voraussetzungen* dieser direkten Haft beliebig in ihren Statuten zu ordnen?!"

Da steht uns ja eine wahre Musterkarte in Bearbeitung dieser wichtigen Rechtsmaterie bis auf die Verjährung, mit den beliebigsten Varianten bevor. Mag die Pflege einer solchen unbegrenzten Zahl von Localrechten als Kuriosum für Fachmänner von Interesse sein, die Gläubiger mögen sich bei dem Studium derselben vorsehen! Wo aber da die für den kommerziellen Verkehr so dringend gebotene Rechtseinheit bleibt, darüber verlieren wir kein Wort, und bleiben unsererseits dabei:

„dass die Festsetzung derartiger Rechtsnormen dem Gegeber gebürt, und nach der Natur des betr. Rechtsverhältnisses in einer Weise geschehen muss, welche dem praktischen Bedürfniss der Privaten, wie dem öffentlichen Interesse gleichmässig Rechnung trägt.

In der Hauptsache, *die indirekte Haft* anlangend, wird gegen die vom Sächsischen Gesetz gezogene Konsequenz an sich Nichts zu erinnern sein. Doch darf dabei der Umstand nicht aus dem Auge gelassen werden: dass das fragliche Prinzip in unserm *Handelsrecht*, dem wir die Genossenschaften einzureihen haben, bereits durchbrochen ist. Trotzdem das dort den *offenen Handels-, wie Kommandit-Gesellschaften* ganz in demselben Maase die *rechtliche Persönlichkeit*, wie den Genossenschaften, beigelegt ist, hindert dies doch keineswegs, dass die Gläubiger derselben sich wegen ihrer Anforderungen an die Gesellschaft, direkt an die persönlich haftenden Mitglieder halten und aus deren Privatvermögen Deckung ihrer im Gesellschaftskonkurse erlittenen Ausfälle beanspruchen können. (Cfr. Art. 85, 111, 112, 122, 150, 164 Allgem. Deutsch. Hand.- Gesetzbuch). Um sich daher zu entscheiden, wird man die praktische Seite hauptsächlich in Erwägung zu ziehen haben. Allerdings ist hier unbestreitbar, dass sich der Zweck, welcher bei Zugrundlegung der unbeschränkten Haft der GenossenschaftsMitglieder überhaupt obwaltet:

„die Sicherung der Gesellschaftsgläubiger wegen ihrer
vollständigen Befriedigung,"
auch auf dem indirekten Wege des *Sächsischen* Gesetzes erreichen
lässt, wonach die Gläubiger zwar lediglich an die Genossenschaft
gewiesen sind, diese es dann aber ihrerseit selbst übernimmt, die
durch Insuffizienz des Genossenschaftsvermögens entstehenden Ausfälle von ihren Mitgliedern beizutreiben. Indessen muss ein solches
Eintreten alsdann ganz entschieden als eine rechtliche Zwangs-
pflicht der Genossenschaft im Gesetz ausgesprochen sein, der zu
genügen sie irgendwie, auf Instanz der Gläubiger, angehalten werden kann. An derartigen Bestimmungen fehlt es aber in dem
Sächsischen Gesetze durchaus. Wann und wie die Gläubiger
hierbei vorzugehen haben, was Seitens der Genossenschaft darauf
zu geschehen hat, darüber findet sich eine bestimmte Disposition
nicht vor. Dass die Genossenschaft — d. h. deren Vorstand —
die Mitglieder zu solchen Beiträgen heranziehen *kann* (§. 61 des
Ges.); dass ferner das Gericht die Genossenschaften und deren
Vertreter zur Befolgung der ihnen obliegenden Verpflichtungen
durch Ordnungsstrafen anhalten *kann*, dürfte kaum als genügende
Erledigung dieses Punktes angesehen werden. Vielmehr müsste
beiden im Gesetz, anstatt der *Befugniss*, ihre *Pflicht* vorge-
zeichnet sein, dasjenige, was sie in dem bez. Falle auf Instanz der
Gläubiger thun *sollen*, nicht blos was sie thun *dürfen,* indem
mindestens bei den Genossenschaften selbst ein Einschreiten hierbei aus eigenem Antriebe nicht immer wird vorausgesetzt werden
können. Und wenn nun nach §. 78 Nr. 2 des Ges. das Gericht
bei Zahlungsunfähigkeit der Genossenschaft, dieser die *juristische
Persönlichkeit* zu entziehen befugt ist, womit deren selbständige
rechtliche Existenz im Grunde genommen erlischt, so entstehen
noch weitere Bedenken, zu deren Beseitigung einige Bestimmungen
über die Wirkungen dieser Maasregel, sowie des Genossenschaftskonkurses überhaupt auf die fraglichen subsidiären Ansprüche der
Gläubiger, und über deren Verhalten dabei recht sehr am Platze
wären. Sieht man aber auch von vorstehenden Bedenken vollständig ab, so verdient doch die Zulassung des direkten Angriffs
der Mitglieder der Genossenschaft durch deren Gläubiger schon um

desshalb den Vorzug, weil sie einen wirksameren Sporn für die ersteren zu rascher Abwickelung der Angelegenheit in sich schliesst.
Treten nun gar die im *Norddeutschen Gesetz* enthaltenen durchgreifenden Vorschriften hinsichtlich des dabei zu beobachtenden
Verfahrens hinzu, in denen wir die wesentlichste Verbesserung des
früheren *Preussischen* erblicken, so kann die Wahl zwischen beiden Arten der Regulirung dieses Punktes nicht zweifelhaft sein.
Denn wenn es nun auch nach dem Sächsischen Gesetz dahin
kommt, dass die Genossenschaft durch ihren Vorstand nach Beendigung des Genossenschaftskonkurses die zur Deckung des Ausfalls der Gläubiger nöthigen Summen, in Form von Beiträgen
unter den Mitgliedern ausschreibt, so bleibt ihr doch zur Erzwin-
gung der Zahlung gegen die Einzelnen immer nur die Anstellung
des Prozesses übrig, so lange ihr das Gesetz kein anderes Mittel
an die Hand giebt. Dies geschieht aber in dem *Sächsischen* Gesetz eben nicht, sondern nur in dem *Norddeutschen.* Nach dem
letzteren muss nämlich, sobald der Genossenschaftskonkurs bis
zum Schlussvertheilungsplane gediehen ist, wo sich die Passiv- und
Aktiv-Masse übersehen lassen, der Vorstand die zur Deckung des
Deficit nöthige Summe unter die Mitglieder vertheilen. Insoweit
alsdann die Einzahlung Seitens dieser nicht erfolgt, wird der Vertheilungsplan durch das Gericht für *vollstreckbar* erklärt und
darnach die Exekution bewirkt, wobei die nicht sofort liquid zu
machenden Einwendungen der Einzelnen, ohne die Exekution auf-
zuhalten, zum Separatprozess verwiesen werden. *) Einer Verschleppung dieses Verfahrens durch den Vorstand aber ist dadurch vorgebeugt, dass das Gericht auf den Antrag jedes einzelnen Genossenschafters zu diesem Zwecke andere geeignete Personen zu
den nöthigen Einleitungen autorisirt. So ist Alles in die Hand
der Genossenschaft selbst gelegt, ohne die Grundlage der Solidarhaft, in welcher die Genossenschaften ihren mächtigsten Kredit-
hebel erblicken, im mindesten anzutasten. Eben darin aber, dass
das Recht der Gläubiger, nach beendeten Genossenschafts-Kon-

---

*) Man lese über das ganze genau geregelte Verfahren die §§. 52—61
des im Anhange abgedruckten Gesetzes nach.

kurse sich wegen ihrer Ansprüche an jeden einzelnen Genossenschafter zu halten, nach wie vor aufrecht erhalten bleibt, liegt
der wirksamste Antrieb, der Geltendmachung desselben in der
bez. Weise zuvorzukommen.

Dass und wie demnach durch eine solche *exekutivische
Zwangsumlage* innerhalb des Kreises der Genossenschafter die
schlimmste Seite der Solidarhaft für dieselben, das Herausgreifen
Einzelner zur Deckung der Defekte im Ganzen, mit allen entsetz-
lichen Kosten und Weiterungen der zum Ausgleich mit den Uebrigen anzustrengenden Rückgriffsprozesse, beseitigt wird, kann nicht
genug hervorgehoben werden. Um dies anschaulich zu machen,
lassen wir den Bericht der vom *Norddeutschen Reichstag* für den
Gesetzentwurf des Verfassers eingesetzten *Kommission* selbst sprechen,
welcher die von dem letztern für seinen Vorschlag angeführten
Gründe im Folgenden resümirt:

„Der §. 52 (jetzt in die 52—62 aufgelöst) ist ganz neu. In
ihm liegt die wichtigste und folgenreichste Ergänzung des *Preussischen* Gesetzes, welche als ein dringendes Bedürfniss für die ge-
deibliche Entwickelung der Genossenschaften, ja geradezu als eine
Forderung des Gemeinwohls von der Kommission einstimmig anerkannt ist.

Wird schon in den meisten Deutschen Processordnungen die
Vervielfältigung der Processe als etwas Gemeinschädliches anerkannt und desshalb mit mannigfaltigen Mitteln zu vermeiden gesucht, so ist kaum ein Fall denkbar, wo diese Rücksicht in solcher
Ausdehnung und so grell hervortritt, als bei der Geltendmachung
der Solidarhaft der einzelnen Genossenschafter durch die im Konkurse nicht vollständig befriedigten Genossenschaftsgläubiger.

Die Kommission vergegenwärtigte sich einen Fall, wie er bei
mässigen Durchschnittsverhältnissen vorkommen kann, nämlich
dass eine Genossenschaft von ca. 300 Mitgliedern einen einzigen
solchen Gläubiger hat, der gegen ein bestimmtes, nach seinem
Belieben herausgegriffenes Mitglied mit der Klage vorgegangen
und so zu seiner Restforderung gekommen ist. Dieses eine Mitglied müsste nun, um zu seinen für die ganze Genossenschaft gemachten Auslagen wieder zu gelangen, den auf jedes andere Mit-

glied kommenden Theil einklagen und ferner, da voraussichtlich
das eine oder das andere Mitglied seinen Antheil wegen Unver-
mögens nicht zahlt, den dadurch ausfallenden Theil seiner Auslagen nochmals auf die zahlungsfähigen Genossenschafter vertheilen
und nochmals gerichtlich von jedem Einzelnen beitreiben. Alles
dies wird freilich nur nothwendig, wenn die Genossenschafter nicht
aus freien Stücken für Befriedigung sorgen; aber wie Viele dies,
wenn erst alle Bande des Vereinslebens unter ihnen zerrissen sind,
auf blosse Privatunterlagen hin thun werden, darüber wird sich
wohl Niemand täuschen. Wenn nun gar, wie dies wohl stets der
Fall sein wird, nicht ein einziger, sondern eine Zahl von 20 oder
50 Gläubigern vorhanden ist und jeder seine Befriedigung selbstständig sucht, so kann über die ganze Einwohnerschaft einer Stadt
ein Geist der gegenseitigen Verfeindung und dabei noch ein schreck-
licher Aufwand von Zeit und Kosten verhängt werden, so dass
sittlich wie wirthschaftlich die schlimmsten Folgen eintreten müssten.

Solcher grossen Gefahr wird in der That durch die vom An-
tragsteller vorgeschlagene *exekutivische Zwangsumlage unter den
Genossenschaftern* ohne jeden Eingriff in die Rechte Dritter und
ohne Verletzung irgend eines Rechtsgrundsatzes vorgebeugt."

Die Frage wegen der *Konkurseröffnung über das Privatvermögen* der Mitglieder als Folge der Eröffnung des Genossenschaftskonkurses, ist hiermit im Grunde schon erledigt. Während
sie nach dem *Sächsischen* Gesetz gar nicht aufzuwerfen ist, im
Preuss. Norddeutschen Gesetz wie im *Oesterreichischen* Entwurfe
naturgemäss verneint wird, hat sie der *Bairische Entwurf* für Genossenschaften mit unbeschränkter Haftbarkeit nach Analogie der
für die offne Handelsgesellschaft nach den *Einführungsverordnungen zum Allgem. Deutschen Handelsgesetzbuch* geltenden Bestimmungen bejaht, ohne sich den wesentlichen Unterschied klar
zu machen, der zwischen diesen und den Genossenschaften hierbei
obwaltet. Was wir früher als Grund anführten, weshalb die beschränkte Haft bei einem einzelnen Geschäftsinhaber oder wenigen
Compagnons für ihre gesammten Geschäftsverbindlichkeiten durchaus
unzulässig sei, greift auch hier durch. Die Theilhaber einer solchen gewöhnlichen Handlungscompagnie unterliegen keinerlei Be-

schränkung in der Disposition über ihren Gesellschaftsfond, den
sie jeden Augenblick vermehren und vermindern können. Demnach ist eine Sonderung, ein Auseinanderhalten des Geschäfts- und
Privat-Vermögens, bei der Unmöglichkeit jeder für die Interessen der
Gläubiger genügenden Kontrole, bei ihnen nicht durchführbar, die
Benachtheiligung des einen dieser Vermögenstheile zu Gunsten des
andern durch jederzeit offen stehende beliebige Uebertragungen
nicht zu verhüten, und so muss die Dispositionsentziehung über
Gesellschaftsvermögen mit der über das Privatvermögen verbunden
werden, soll sie überhaupt wirksam sein. Ausserdem wird das
Privatvermögen solcher Theilhaber durch den Banquerott des Geschäfts, welches regelmässig ihnen als Existenzquelle dient, schon
von selbst mit in den Bruch hineingezogen, weil damit eine Zerrüttung des ganzen Vermögensstandes verbunden ist, so dass der Konkurs sich meist auch ohne dies darauf erstreckt haben würde.
Ganz anders steht es bei den Genossenschaften. Für deren Mitglieder wird in der Regel die Genossenschaft keineswegs die Erwerbsquelle sein, vielmehr treibt — mit alleiniger Ausnahme der
Produktivgenossenschaften — jedes davon sein Privatgeschäft ausserhalb der Genossenschaft, die ihm nur als Stütze dabei dient. Und
wie hiernach diese *Privatgeschäfte* der Einzelnen von dem Genossenschaftsgeschäft völlig gesondert bestehen, ebenso verhält es
sich mit dem *Vermögen* des Einzelnen und der Genossenschaft.
Die Geschäftsantheile, welche die Mitglieder in den Genossenschaftsfond einwerfen, sind von ihren Privatmitteln vollständig separirt,
der Disposition der Einzelnen durchaus entzogen, und stehen unter
der Verwaltung verantwortlicher Beamten, welche darüber, wie
über den ganzen Vermögensstand der Genossenschaft, Rechnung
zu führen und diesen letztern in der Bilanz alljährlich zur öffentlichen Kenntniss zu bringen haben. Liegt schon hiernach zu einer
Verbindung des Konkurses über das Genossenschaftsvermögen mit
dem über das Privatvermögen der Mitglieder nicht der mindeste
Grund vor, so erscheint die Verhängung dieser Maassregel geradezu
unsinnig, wenn man sich die praktischen Folgen davon vergegenwärtigt. Was soll daraus entstehen, wenn mit dieser Konkurseröffnung zugleich die Schliessung der Privatgeschäfte und Wirth-

schaften der Hunderte, ja Tausende von Mitgliedern erfolgt, alle
ibres Nahrungszweiges, der Disposition über ihr Vermögen beraubt, ganze Ortschaften in Nothstand versetzt werden? Anstatt
zur Befriedigung der Gläubiger, führt dies Verfahren zum geraden
Gegentheil. Denn *durch die Banquerotterklärung macht man
erst die Leute banquerott*, entzieht ihnen die Möglichkeit, aus dem
Ertrage ihrer Privatgeschäfte die Deckungsmittel für die Genossenschaftsschulden aufzubringen, nimmt somit der Solidarhaft derselben, zum grössten Nachtheil der Gläubiger, ihren eigentlichen
Werth.

Wir meinen daher, dass auch bei Regelung der Geltendmachung der unbeschränkten Haftbarkeit, für die Genossenschaften der Vorgang des *Preuss. Norddeutschen* Gesetzes in jeder
Hinsicht als angemessen zu empfehlen sei.

III.

Die Unzuträglichkeiten der beschränkten Haftbarkeit bei den Personalgenossenschaften, und die Mittel zu deren Abstellung.

Haben wir die Prinzipien der privatrechtlichen Haftbarkeit im Allgemeinen untersucht und daraus die Schlussfolgerungen in Bezug auf die für die *Personalgenossenschaften* nothwendige Haftart abgeleitet: so wird es nunmehr an der Stelle sein, uns mit den Unzuträglichkeiten, welche durch die Abweichungen davon in den bezüglich Gesetzen entstanden sind, sowie mit den dagegen angewendeten Abhülfsmitteln zu beschäftigen.

1.

Falsche Wege.

Allgemeines.

Dass und weshalb diese Unzuträglichkeiten in der Zulassung der beschränkten Haftbarkeit für die Personalgenossenschaften, ohne deren nothwendige Voraussetzungen, ihren Quell haben, ist im vorigen Abschnitt nachgewiesen, mit Andeutung der Folgen für den Verkehr im Allgemeinen, wie für die dabei betheiligten Einzelinteressen. Wir fügen dem hier noch einige weitere Bemerkungen hinzu.

Die Genossenschafter von der persönlichen Haft für die Genossenschaftsverpflichtungen entbinden, ehe sie die an deren Stelle unbedingt erforderlichen sachlichen Garantieen aufgebracht, in einem dauernd gesicherten *Grundkapital* ein reales Haftobjekt

5*

hingestellt haben, welches für die Negoziationen mit ihnen. einen
genügenden Anhalt gewährt, führt in seiner letzten Consequenz —
wir sahen es schon — zur Aufhebung der Haft überhaupt. Die
gebotene Möglichkeit, sich bei schlechten Geschäftsaussichten mit
der gehörigen Vorsicht und bei guter Zeit durch Austritt aus der
Genossenschaft, unter Zurückziehung seiner Geschäftsantheile, von
den Verpflichtungen loszumachen, ehe der förmliche Bruch eintritt, zieht unausbleiblich Machinationen der schlimmsten Art
nach sich. Natürlich werden dabei die in solchen Dingen erfah-
renen, weniger gewissenhaften Mitglieder, auf Unkosten der Andern
am Besten wegkommen. Noch schwerer aber fällt die Desorgani-
sation der Genossenschaft, ja ihr völliger Ruin in das Gewicht,
den ein solches Treiben selbst unter Umständen herbeiführen
muss, wo derselbe bei redlichem Zusammenhalten leicht hätte vermieden werden können. Es ist nicht anders. Wie die Schwächung
der Verantwortlichkeit auf recht'ichem und humanem Gebiete
unausbleiblich die Demoralisation zur Folge hat, so tritt dieselbe
Wirkung auch in den wirthschaftlichen Beziehungen als Frucht
solcher laxer Rechtsgrundsätze ein, mittelst deren die Gesetzgebung
selbst dem Leichtsinn und Schwindel bequemen Spielraum bietet.
Jede Lockerung der Haft lockert die Bande, welche den Verkehr
innerhalb solider Bahnen halten; jede Erschwerung der Rechtsverfolgung ist eine Erschwerung des Credits. Von dem Grade
der Leichtigkeit und Sicherheit der Beitreibung privatrechtlicher
Forderungen hängt die Möglichkeit und Billigkeit des Credits ab.
Eine Gesetzgebung, welche es dem Schuldner erleichtert, sich seinen Verpflichtungen zu entziehen, schädigt Treu und Glauben,
den Nerv alles Credits, an der Wurzel. Damit aber trifft sie den
Schuldner selbst am härtesten, anstatt ihn zu schonen, wie man
dies von dergleichen Massregeln verkehrter Weise so häufig rühmen
hört. Denn entweder verscheucht man das Kapital dadurch völlig, oder es ist nur unter ungünstigeren Bedingungen zu erhalten,
welche dem Grade der Gefahr entsprechen, welcher der Gläubiger
bei der Wiedererlangung ausgesetzt ist. Je schwerer und unvoll-
ständiger der Schuldner zur Erfüllung eingegangener Verpflichtungen genöthigt werden kann, desto schwerer erhält er Credit;

je unsicherer die Stellung des Gläubigers dabei ist, desto härter
sind die Bedingungen für den Schuldner. Die Gemeingültigkeit
dieser in der Natur des Verhältnisses begründeten Sätze wird
durch die Erfahrung überall bestätigt, und man kann dagegen
keineswegs mit der Bezugnahme auf die gegenwärtige Genossenschaftsgesetzgebung in *England* auftreten. Nicht nur dass der seit
Einführung der beschränkten Haftbarkeit durch die neuen Gesetze
(1862) dort verflossene Zeitraum noch viel zu kurz ist, um genügendes
thatsächliche Material hierbei darzubieten, stehen im Gegentheil die
Resultate der früheren Jahrzehnte in diesem Lande fest, in denen
sich die Genossenschaftsbewegung unter der persönlichen und solidaren Haftbarkeit auf das Gedeihlichste entwickelt hat. In der
That mag es auch in *Deutschland* recht wohl möglich sein, dass
die nachtheiligen Folgen einer solchen Maassregel sich nicht gleich
nach deren Einführung zeigen würden. Die Genossenschaft als
Verkehrsform hat — und zwar auch hier unter Geltung der *unbeschränkten Haftbarkeit*, wie wir immer und immer wieder be-
tonen — im Ganzen eine so gute Meinung von ihrer Sicherheit
beim Publikum erworben, dass die Aenderung der Haftbarkeit
vielleicht nicht sofort ihre Rückwirkung auf den Credit äussern
würde. Vielmehr würde dies wahrscheinlich nicht früher eintreten, als bis in einigen Fällen der Insolvenz von Genossenschaften
die Gläubiger durch eignen Schaden erfahren hätten, wie weit
man mit der beschränkten Haft hier kommt. Spricht sich dies
alsdann erst einmal im Publikum aus, wird es nur erst durch
einzelne eklatante Beispiele bekannt, dass und in welcher Weise
die Gläubiger dabei um ihre Forderung kommen können, so reicht
dies auch aus, den Credit der Genossenschaften im Allgemeinen
auf das Aeusserste zu erschüttern. Wie anders in den wenigen
bisher bei uns vorgekommenen Fällen, wo durch schwere Verluste
die Insufficienz des Genossenschaftsvermögens herbeigeführt war*).
Indem hier eben durch die persönliche und Solidarhaft der Mitglieder nicht nur die volle Deckung der Gläubiger, sondern selbst

---

*) Wir verweisen hierbei vor allen auf die den deutschen Genossen-
schaftern wohlbekannten Fälle in *Dresden* und *Zerbst!*

der Fortbestand des Genossenschaftsgeschäfts, und in ihm die allmälige Ausgleichung der erlittenen Verluste ermöglicht wurde,
dienten dieselben nur zur Befestigung des allgemeinen Vertrauens,
wie es für das Gedeihen so junger Gestaltungen doppelt unent-
.behrlich ist. Eine Mahnung mehr für die deutschen Genossenschaften, sich von den bisher innegehaltenen richtigen Bahnen
nicht auf einen Abweg zu begeben, auf welchen jedes Unglück,
jeder Fehler in der Leitung eines einzelnen zu ihnen gehörigen
Instituts sie insgesammt auf verhängnissvolle Weise in Mitleidenheit zu verwickeln droht.

Das Sächsische Gesetz.

Wenn das Vorstehende im Allgemeinen auf sämmtliche die
beschränkte Haftpflicht für Personalgenossenschaften zulassende
bez. Gesetze und Entwürfe Anwendung findet, so gilt es bei
dem *Sächsischen Gesetze* doch nur mit einer sehr wesentlichen
Einschränkung. Die schärfere Unterscheidung in den Zwecken
der verschiedenen Vereine, durch welche sich dieses Gesetz entschieden vor den anderen auszeichnet, hat nämlich dahin geführt,
dass die Personalgenossenschaften, trotz der ihnen formell darin
nachgelassenen Wahl zwischen den beiden Haftarten, thatsächlich
gar nicht anders können, als die unbeschränkte Solidarhaft ihrer
Mitglieder annehmen. Der Gesetzgeber unterscheidet nämlich ganz
sachgemäss zwei Arten der beschränkten Haftbarkeit:

a) solche „wo die Haftpflicht der Genossenschafter auf Leistung
bestimmter Zuschüsse zu einem im Voraus bestimmten
Gesellschaftskapitale,"

und

b) „solche, wo diese Haftpflicht, ohne die Aufbringung eines
bestimmten Gesellschaftskapitals zu bezwecken, auf die
Leistung bestimmter einmaliger oder wiederkehrender *Beiträge zu dem Gesellschaftszwecke* beschränkt sein soll."

(cfr. §§ 39 flgd. §§ 56 flgd. des Sächsischen Gesetzes.)

Die ersteren sind ganz richtig als *Aktiengesellschaften*, Kapitalgenossenschaften in unserem Sinne, bezeichnet, und kommen,

gemäss unserer Begrenzung der gesetzgeberischen Aufgabe im
I. Abschnitt, hier allein in Betracht. Darnach sollte die privatrechtliche Stellung der dort bezeichneten Genossenschaften, ihrer
kommerziellen Zwecke halber, von der der übrigen Vereine getrennt
in einem Spezialgesetze geregelt ,werden. Nun gehört aber bei
allen diesen „*Erwerbs- und Wirthschaftsgenossenschaften mit
gemeinschaftlichem Geschäftsbetrieb*", die Bildung eines *Geschäftskapitals* zu den wesentlichen Erfordernissen. Kein genossenschaft-
liches Bank- oder Produktionsgeschäft, kein Konsum- oder Roh-
stoffverein etc. kann bestehen, wenn man nicht die *Bildung eines
Geschäftsfonds* in die Hand nimmt, und wir haben im I. Abschnitt
(S. 26, 27) gesehen, in welcher Weise dies vom *Preuss. Norddeutschen* Gesetz als wesentliches Erforderniss einer jeden solchen
Genossenschaft aufgestellt ist. Dass dieses Geschäftskapital bei
den Personalgenossenschaften nicht durch eine feste, in sich bestimmte Summe, sondern nur *relativ* durch den Normalbetrag,
den die Geschäftsantheile der Einzelnen erreichen sollen, dargestellt
wird, eben desshalb aber nicht als ausschliessliches Haftobjekt
dienen kann, vielmehr durch die persönliche Haft der Mitglieder
ergänzt werden muss, haben wir ebenfalls eingehend (S. 49 flgd.)
erörtert. Nun sind aber die hiernach von uns aufgestellten Requisite für Zulassung der beschränkten Haftbarkeit in dem *Sächsischen Gesetze* bei Aktiengesellschaften vollständig gewahrt. So
muss dass Statut die Höhe des im Voraus bestimmten Gesellschaftskapitals wie die der einzelnen Antheile daran, der Aktien,
enthalten, und ebenso ist die Disposition darüber den einzelnen
Mitgliedern entzogen und jede Zurückforderung ihrer Antheile
untersagt, vielmehr die Verwaltung der Geschäfte in die Hände
eines Vorstandes und der Generalversammlung gelegt (cfr. §. 11
No. 7 u. 8, §§. 18, 23, 39, 45 u. a. des Sächs. Ges.). Da nun,
wie wir gezeigt haben, die *Personalgenossenschaften* gar nicht in
der Lage sind, diese Bedingungen erfüllen zu können, so bleibt ihnen
nach dem Sächsischen Gesetz eben nichts Anderes übrig, als die
unbeschränkte Haft ihrer Mitglieder anzunehmen, wenn sie überhaupt der Vortheile des Gesetzes theilhaft werden wollen. Denn
sich der zweiten darin zugelassenen Gattung der beschränkten Haft

einzuordnen, welche die Aufbringung eines Geschäftskapitals ausdrücklich ausschliesst, daran sind sie eben durch die thatsächliche Nothwendigkeit eines solchen Kapitals für sie verhindert. Dass sich die Gesetzgeber in Sachsen dieser Folge auch vollkommen bewusst gewesen sind, geht aus den von uns oben in der Note (Seite 36) wörtlich angeführten Stelle der Motive zur Gesetzvorlage hervor. Hiernach sind die Vorschriften über die unbeschränkte Haftpflicht vorzugsweise für die Erwerbs- und Wirthschaftsgenossenschaften berechnet, während man, wie der Text des Gesetzes in den §§. 56 flgd. und die ferneren Motive dazu (S. 684 der letzteren) ergeben, bei der auf blosse Beiträge zum Gesellschaftszweck beschränkten Haft wesentlich an wohlthätige und die auf Gegenseitigkeit beruhenden Versicherungsgesellschaften mit fester Prämie gedacht hat. Nach alledem sind wesentliche Unzuträglichkeiten aus der bloss formellen Zulassung der beschränkten Haftbarkeit bei unsern *Personalgenossenschaften* nach dem Sächsischen Gesetz in der Praxis nicht zu .befürchten, weil dasselbe durch vollständige Wahrung der Requisite der *Kapitalgenossenschaften* mit beschränkter Haftplicht, der Einordnung der ersteren unter die letzteren thatsächlich vorgebeugt hat.

Anders steht es mit den übrigen die beschränkte Haft bei Personalgenossenschaften zulassenden Gesetzen und Entwürfen, wo wir namentlich der Abhülfsmittel zu gedenken haben, welche die einzelnen gegen die dadurch herbeigeführten Missstände anwenden.

Die Englischen Gesetze.

Was die *Englische* Gesetzgebung anlangt, so werden wir uns hauptsächlich mit der Industrial and Provident Societies Acte zu beschäftigen haben, als dem eigentlichen Spezialgesetz für Genossenschaften, dessen Text im Anhange abgedruckt ist. Da indessen Genossenschaften mit *Bankgeschäften* ausdrücklich davon ausgeschlossen und ebenso, wie diejenigen, welche bei der *unbeschränkten* Haft ihrer Mitglieder verbleiben, an die Companies-Acte gewiesen sind, so wird auch von dieser nicht abgesehen werden können. Wir bemerken über diese Acte hierbei gleich zum

Voraus, dass sie in Bezug auf ihre Forderungen an die Zulassung der beschränkten Kapitalhaft unsern Anforderungen näher steht, als die erstgenannte Acte, indem von Gestattung der Herausziehung der auf das Geschäftskapital von den Mitgliedern gemachten Einlagen, im Gegensatz zu der Industr. and Provid. Soc. Acte, nirgends die Rede ist. Dagegen führt sie eine andere Art der limitirten Haftbarkeit ein, die auf Uebernahme bestimmter *Garantie-Beträge* bei Insufficienz des Gesellschaftsvermögens im Falle der Liquidation beschränkte, worauf wir indessen nicht noch besonders einzugehen haben. Schon die Nothwendigkeit eines Geschäftskapitals bei unsern Erwerbs- und Wirthschaftsgenossenschaften macht eine solche Betheiligung der Mitglieder unzureichend, und verweist uns auf die Haft mit bestimmten Kapitalsantheilen; überdem würden aber bei einem durch solche Garantien, als blosse Versprechungen von Zahlungen, gebildeten rein ideellen Haftobjekt, die von uns wegen eines durch wirkliche Einzahlungen zu realisirenden Grundkapitals gestellten Forderungen womöglich überboten und insbesondere anderweite wirkliche Sicherheiten für die Zeichnungen — eine Garantie der Garantieen — gefordert werden müssen, soll die ganze Sache nicht jedes realen Bodens entbehren. Jedenfalls würde die Zurückziehung der gezeichneten Garantieantheile für den Fall des Austritts gleich jeder anderen willkürlichen Reduktion des Haftobjektes unzulässig erscheinen, womit die Sache für unsre Genossenschaften abgethan ist.

Die Industrial and Provident Societies Acte bestimmt ihrerseits ausdrücklich:

a) dass im Falle der Liquidation kein Mitglied wegen Deckung der Gesellschaftsschulden zu einer grösseren Kontribution angehalten werden kann, als der *noch nicht eingezahlte Betrag* seiner Aktien ausmacht (artic. 20 §. 4 d. Ges.):

b) dass die Vererbung der Aktien nach dem Willen der Aktionäre Statt haben kann (cfr. No. 16 des Ges.);

c) dass die Statuten Bestimmungen enthalten müssen:

ob die Aktien *übertragbar* sein sollen; Falls übertragbar, über die Form der Uebertragung und deren Genehmigung durch die Gesellschaftsorgane; falls *nicht über-*

tragbar, Bestimmungen über die *Auszahlung des den ausscheidenden Mitgliedern zustehenden Saldo* (cfr. No. 4 der dem Gesetz angehängten Schedul).

Hierbei ist zuerst die Verpflichtung zur Vollzahlung des gezeichneten Geschäftsantheils hervorzuheben, wie sie aus der Bestimmung sub. a. sich ergiebt. Dass dieselbe bei unsern Genossenschaften mit unbeschränkter Haft nicht Regel ist, und recht füglich entbehrt werden kann, wurde oben bemerkt, wogegen sie bei beschränkter Haftbarkeit, als die einzig denkbare Grenze der Haftbeschränkung natürlich nicht fehlen durfte. Doch lässt das Gesetz hierbei noch eine sehr fühlbare Lücke. Da nach der Bestimmung sub. c. den ausscheidenden Mitgliedern in ihrem Saldo das auf den Geschäftsantheil Eingezahlte mit zurückgewährt wird, soweit es nicht im Geschäft verloren ist, so musste bis zum Ablauf der *Verjährung* zu Gunsten des Ausgeschiedenen — wovon später — dessen Verpflichtung zur Erstattung dessen, was man ihn auf seinen Geschäftsantheil beim Austritt zurückgezahlt hat, ausgesprochen werden, soweit der Betrag zur Deckung der Passivmasse im Falle der Liquidation erforderlich war.

Sodann machen wir auf den in den Vorschriften über Vererbung und Cession der Aktien gebotenen Ausweg aufmerksam. Wenn durch Zulassung der Uebertragung von Aktien verstorbener oder ausscheidender Mitglieder an andere statt ihrer eintretende die Rückzahlung der Aktien im Falle des Ausscheidens ausgeschlossen und der Gesellschaft nur für den Fall auferlegt wird, dass sie aus irgend einem Grunde ihren Konsens zu der Uebertragung verweigert: so ist allerdings einem der grössten von uns gerügten Uebelstände abgeholfen. Die ausscheidenden Mitglieder können dann wenigstens nicht während der Dauer der Gesellschaft ihre zum Gesellschaftsfonds eingezahlten Antheile zurücknehmen und so den Gesellschafts-Gläubigern willkürlich das einzige Befriedigungsmittel entziehen. Nach mehrfach zu uns gelangter Kunde hat man, namentlich in den älter begründeten Englischen Genossenschaften, eine solche Einrichtung wirklich getroffen, doch sind nähere, beglaubigte Nachrichten hierüber, wie über die dadurch erzielten Erfolge abzuwarten. Dass aber das Gesetz eine

so unerlässliche Maasregel nicht definitiv anordnet, sondern dieselbe dem Belieben der Genossenschaften anheimstellt, lässt sich
in keiner Weise rechtfertigen.

Weitere Kautelen suchen die *Englischen* Gesetze

1) in der Auflösung der Gesellschaft, sobald sie unter sieben
   Mitgliedern herabsinkt, wie dies in der Companies Acte
   ausdrücklich ausgesprochen ist;

2) in der Einreichung der jährlichen Bilanz bei der Behörde;

3) in dem Eingreifen des *Handelskollegiums* nach der Companies Acte auf Anrufen eines Theiles der Mitglieder
   durch Ernennung von *Inspektoren*, welche die ganze Geschäftslage zu prüfen und auf deren Bericht das Kolle-
   gium über die zu ergreifenden Massregeln zu entscheiden hat.

Dass diese Massregeln weder einzeln noch im Ganzen ausreichen, die mangelhafte Fundirung des Haftobjektes zu ersetzen,
leuchtet ein. Ist der Bestand einer solchen Gesellschaft erst bis
auf sieben herabgesunken, so ist die Gewähr der Gläubiger für
ihre Befriedigung in den meisten Fällen bereits zum grossen Theil
geschwunden. Ebenso wird man auch mit den übrigen Massregeln
meist zu spät kommen, wenn der Schade bereits geschehen ist,
und allenfalls die völlige Verschleppung des Gesellschaftsfonds
durch den Schluss des Geschäfts verhüten. Ein anderes Bedenken,
welches die Einmischung der Behörde in der zuletzt angeführten
bevormundenden Weise erweckt, ergiebt sich von selbst.

Der Oesterreichische Entwurf.

An die Englischen Gesetze schliesst sich unmittelbar der
Oesterreichische Entwurf an. Derselbe ordnet die Rechtsverhältnisse der Genossenschaften mit *unbeschränkter* Haftbarkeit nach
dem Vorgange des Preussischen Gesetzes im Ganzen sachgemäss*),
nimmt aber, seiner früheren Entstehung halber, auf die weitere

---

*) Die Abweichung im Erfordern der Abfassung des Statuts in beglau-
bigter Form, wird später behandelt.

folgenreiche Entwickelung der Geltendmachung der Solidarhaft
nach dem *Norddeutschen Gesetze* nicht Rücksicht. Dagegen sind
die Regeln über die Genossenschaften mit *beschränkter* Haftbarkeit, unter Beibehaltung der über die Stellung der Vorstände und
Ausschüsse bei unbeschränkter Haft aufgestellten, wesentlich der
Englischen Industrial and Provident Societies Acte entnommen.
Nur ergänzt der Entwurf die von uns bei der letzteren bemerklich
gemachte Lücke, wegen Rückgewähr der von den Ausscheidenden
aus dem Gesellschaftskapital herausgezogenen Antheile dadurch:
dass er diese Herausziehung erst mit Ablauf der Verjährungsfrist
gestattet. Im Uebrigen fügt er den dort enthaltenen Kautelen
noch die Verpflichtung des Vorstandes hinzu:

    a) beim Heruntersinken des Gesammtbetrages der Geschäfts-
       antheile der zeitigen Mitglieder auf die Hälfte, sofort Ge-
       neralversammlung zu berufen;

    b) bei sich ergebender Insuffizienz des Genossenschaftsvermö-
       gens die Anzeige an das Gericht behufs der Konkurs-
       eröffnung zu machen.

Wir bemerken zu dem vorstehend über die Unzulänglichkeit
dieser Maassnahmen Gesagten nur noch: dass die beiden letzteren ebenso, wie die jährliche Bilanz - Einreichung nach unserer
Handels- und Genossenschaftsgesetzgebung auch bei Gesellschaften
mit unbeschränkter Haft, sowie bei vollständig fundirten Aktiengesellschaften erfordert werden: ein Beweis, dass man darin nirgends einen Ersatz für den Mangel einer wirklich fundirten Haftbasis findet, sie vielmehr nur nebenbei, mehr im Interesse der
Mitglieder als der Gläubiger, hinzutreten lässt.

Das Französische Gesetz.

Das Aeusserste in der bezeichneten Richtung leistet das
Französische Gesetz mit seinen Sociétés à capital variable, dessen
hierher gehöriger Abschnitt im *Anhange* abgedruckt ist, weil, wie
aus der Beschränkung des Gesellschaftskapitals und seiner succes-
siven Verstärkungen auf den Betrag von 200,000 Franks (artic. 49)
hervorgeht, man ganz speciell unsere Genossenschaften im Auge
gehabt hat.

Hier ist nämlich im artic. 48 allen kommerziellen Gesellschaften gestattet, in ihren Statuten zu bestimmen:

> „dass bei ihrem Gesellschaftskapital sowohl die *Er-*
> *höhung* durch Zuzahlungen der alten und Eintritt neuer
> Mitglieder; wie die *Verminderung* durch gänzliche oder
> theilweise Zurücknahme der bewirkten Einzahlungen zuge-
> lassen sein solle."

So allgemein indessen hiernach diese Gestattung für alle Arten
der Gesellschaft, selbst die mit unbeschränkter Haft (en nom collectif),
zu sein scheint, so entsteht doch durch die weiteren Bestimmungen,
namentlich der artic. 50 und 54, der erheblichste Zweifel, ob sich
dieselbe auf andere als Aktiengesellschaften (soc. anonymes) und
Kommanditgesellschaften auf Aktien beziehen könne. Denn überall
ist in dem betr. Titel des Gesetzes die Kreirung von Aktien als
nothwendig vorausgesetzt, und die Form und Uebertragbarkeit
derselben genau bestimmt. Auch wird dies durch die Motive zum
Gesetzentwurf insofern bestätigt, als darin ausgesprochen ist, dass
man nicht daran gedacht habe', die bisherigen Regeln für die
Sociétés en nom collectif und en commandite simple zu ändern.*)
Wir schliessen uns dem schon aus dem Grunde an, weil die Befugniss zur Zurücknahme der auf das Geschäftskapital eingezahlten Antheile gradezu bedeutungslos ist, wenn die Mitglieder trotzdem mit ihrem ganzen Vermögen in der Haft bleiben, wesshalb
eine solche Kombination für den Zweck unserer Ausführung gar
nicht in Betracht kommt. Dazu treten noch andere, wesentliche
Bestimmungen in den hierher gehörigen Artikeln, welche keinen
Sinn haben, wenn das Gesellschaftskapital nicht als eigentliches
Haftobjekt gedacht wird. So disponiren die art. 51, 52:

> a) dass die Statuten eine Summe bestimmen müssen, unter
> welche das Gesellschafts-Kapital durch Zurücknahme des
> darauf Eingezahlten nicht heruntergebracht werden darf,
> und dass diese Summe nicht weniger als den zehnten
> Theil dieses Kapitals betragen darf;

---

*) Man vergl. das Pariser Journal *La Cooperation* im Jahrgang 1867
No. 19; die Abhandlung „Le projet de loi sur les sociétés."

b) dass jeder Gesellschafter beliebig aus der Gesellschaft auszuscheiden befugt sein soll.

Natürlich kann ihm dabei in Folge der Bestimmung des
art. 48 die Zurücknahme seines Geschäftsantheils nicht versagt werden. Gerade bei diesem Kardinalpunkte findet sich aber eine höchst
eigenthümliche Beschränkung, welche die ganze Sache in das rechte
Licht stellt. Da sich nämlich der Gesetzgeber nicht verhehlen
mochte, dass in Folge dieser Befugnisse eines schönen Tags der
ganze Gesellschaftsfond bei ungünstigem Geschäftsstande wiederum
in die Taschen der persönlich nicht haftenden Mitglieder zurück-
geflossen sein könnte, und den Gläubigern das Nachsehen bliebe:
so suchte er dem Aeussersten durch die Bestimmung vorzubeugen
(art. 52, alin. 1):

> „dass die im Statut bestimmte Minimalsumme des
> Gesellschaftskapitals auch beim Austritt von Mitgliedern,
> durch Zurücknahme von deren Antheilen, nicht alterirt
> werden darf.“

So bleibt denn ein Stamm solcher Mitglieder übrig, welche
nicht klug genug gewesen sind, auf den Lauf der Dinge zu mer-
ken, und sich bei Zeiten zu salviren, und nun ihre Einlagen als
eisernen Bestand in der Gesellschaftskasse zurücklassen müssen,
und wir brauchen es wohl kaum noch auszusprechen, wie wenig
diese Maassregel nach irgend einer Seite hin befriedigt. Erscheint
sie den Gläubigern gegenüber als unzureichend, so ist sie in Bezug auf die Mitglieder im höchsten Grade ungerecht, weil sie den
unerfahrensten, der Aufhülfe durch die Genossenschaften am
meisten bedürftigen Theil derselben Preis giebt, die Andern aber
zu Machinationen und Hinterziehungen mannigfacher Art verlockt.
Anstatt Abhülfe der durch Zulassung der unbasirten Kapitalhaft
hervorgerufenen Uebelstände zu gewähren, documentirt das Ganze
daher nur, dass sich der Gesetzgeber dieser Uebelstände, welche
er mit dem verfehlten Experiment zu treffen suchte, bewusst war.

Der Bairische Entwurf.

Um zum Schlusse noch des *Bairischen* Entwurfs zu gedenken, so ist zunächst die grosse Unbestimmtheit seiner Anordnungen

über Genossenschaften mit *beschränkter Haft* hervorzuheben, wovon wir die Gründe bereits im I. Abschnitt im Allgemeinen angegeben haben. Nach art. 2 No. 4 lässt er, wie das *Sächsische* Gesetz, und wie das beim Hereinziehen aller Arten von Vereinen geschehen musste, eine auf *Beiträge zum Gesellschaftszweck von im Voraus bestimmter Höhe beschränkte Haftbarkeit* zu, und verlangt nebenbei auch,

    „*wenn* die Mitglieder gewisse *Geschäftsantheile* haben,“ dass die Satzungen (Statuten) den Betrag, die Art und Bildung dieser Antheile bestimmen. Aber anstatt beide Arten der Haft, die auf bestimmte Beiträge und die auf Kapitalantheile beschränkte, in ihren Voraussetzungen und Folgen zu scheiden und jede besonders zu behandeln, wie das *Sächsische* Gesetz dies thut, sind beide untereinander und noch überdem mit der unbeschränkten Haftpflicht vermengt und ist bei Vereinen der letzteren Art die Frage wegen Bildung eines Geschäftskapitals, ebenfalls offen gelassen. Die Folge davon ist eine grosse Unklarheit der hier einschlagenden Gesetzesdispositionen. So lässt sich insbesondere die Rückwirkung des Austritts von Mitgliedern auf das Geschäftskapital nicht mit Sicherheit entnehmen. Nach art. 11 ist der jederzeitige Austritt den Mitgliedern unbedingt gesichert, wie das Wesen der Genossenschaft dies bedingt. Sonst aber findet sich nur in art. 10 alin. 3 die allgemeine Bestimmung für Genossenschaften mit beschränkter und unbeschränkter Haftpflicht: *dass eingezahlte Beiträge, sofern die Satzungen nicht anders bestimmen, nicht zurückgefordert werden können.* Wir fragen: Sind hierunter auch die Einzahlungen der Mitglieder auf *Geschäftsantheile* gemeint, welche letztere in dieser Beziehung nicht besonders im Entwurfe erwähnt werden, obschon sie der Art. 2 No. 4 ausdrücklich von den Beiträgen unterscheidet? — Wie man indessen auch die Frage beantworten mag, immer stösst man nach dieser oder jener Seite hin auf eine schwere Inkonvenienz. *Verneint* man sie mit der Folgerung: dass die eingezahlten Geschäftsantheile von den austretenden Mitgliedern nicht zurückgezogen werden können, weil es an einer dies zulassenden Bestimmung im Gesetze fehlt, so wird das Letztere, in Gemässheit unserer früheren Ausführung, für die

Genossenschaften mit *unbeschränkter Haftpflicht* kaum annehmbar
sein. *Bejaht* man sie dagegen, und gestattet demgemäss den
Genossenschaften, die Zurücknahme des auf die Geschäftsantheile
Eingezahlten beim Austritt oder sonst durch ihre Statuten einzu-
führen, so verstösst man in Bezug auf die Genossenschaften mit
beschränkter Haftpflicht auf das Gröblichste gegen die Forderungen,
unter denen allein die beschränkte Haftpflicht zugelassen werden
darf, und giebt den Genossenschaften selbst das bequemste Mittel
an die Hand, die Ansprüche ihrer Gläubiger durch Schwächung
beziehentlich Vernichtung deren alleinigen Befriedigungsobjekts
willkürlich zu beseitigen.

Eigentliche Kautelen zu Gunsten der Gläubiger finden sich
in dem Entwurfe nirgends vor, da die Bestimmungen der art. 30
und 41, wegen Anzeige der Vorstände von der Insufficienz des
Gesellschaftsvermögens beim Gericht behufs der Ganteröffnung,
sowie das Verbot der Theilung dieses Vermögens vor Ablauf eines
Jahres nach Bekanntmachung der Auflösung der Genossenschaft,
dahin nicht gerechnet werden können.

Verjährung.

Nachdem wir so die betreffenden Gesetze in der angedeuteten
Beziehung einzeln der Kritik unterzogen haben, müssen wir noch
eines hierher gehörigen, ihnen allen gemeinsamen Momentes gedenken, der *Verjährung* der Haftbarkeit ausscheidender Genossenschafter für die Genossenschaftsschulden. Allerdings kommt dabei
ausser der Garantie für die *Gläubiger* auch die Sicherung der
Mitglieder der Genossenschaften in Betracht, und es war die Aufgabe des Gesetzgebers, die hier sich kreuzenden Interessen zu vermitteln.

Einerseits bedingt nämlich die im Wesen der Genossenschaft
liegende, nicht geschlossene Mitgliedschaft, die Befugniss des jederzeitigen Austretens von Mitgliedern während der Dauer der Genossenschaft, die Lösung von deren Haftpflicht als Folge dieses
Schrittes, wenn er nicht geradezu wirkungslos sein soll. Diese
Lösung an den Ablauf der gewöhnlichen Verjährungsfrist knüpfen,

hiesse aber die Gründung und den Bestand der Genossenschaften
auf das Aeusserste erschweren. Wie Viele würden sich bedenken,
einer Gesellschaft beizutreten, aus welcher ihnen zwar der Austritt
jederzeit gestattet ist, für deren bis dahin eingegangenen Verbindlichkeiten aber sie noch die ganze gewöhnliche Verjährungsfrist
hindurch -- d. h. durchschnittlich in Deutschland 30 Jahre lang
— den Gläubigern gegenüber mit haftbar bleiben? Ja könnte
nicht der Austritt unter Umständen noch bedenklichere Folgen
haben, als das Verbleiben in der Mitgliedschaft, indem er zwar
gegen später eingegangene Verpflichtungen schützt, dagegen rücksichtlich der Abwickelung der früheren, bei welcher der Aus-
scheidende so sehr betheiligt ist*), diesen jeder Einwirkung beraubte? Wohl werden sich solche Bedenken vor Allen bei Genossenschaften mit unbeschränkter Haftpflicht vordrängen, wo jeder
Einzelne mit seinem Vermögen solidarisch in der Haft steht. Indessen bleibt das Verhältniss doch immer auch bei einer auf bestimmte Kapitalbeträge beschränkten Haft sehr lästig, insofern
der Ausgeschiedene eine so lange Zeit auf Nachzahlung des an
dem Normalbetrage seines Antheils noch fehlenden, oder Rückzahlung des ihm restituirten Geschäftsantheils gefasst sein muss.
Diesem Uebelstande vorzubeugen hatte man, so lange eine Entbindung von der gewöhnlichen Verjährungsfrist durch die Gesetzgebung nicht erfolgt war, nur den Ausweg: den austretenden

---

*) Darin, dass ein aus der Genossenschaft, gleichviel auf welche Weise,
ausgeschiedenes Mitglied für keine von da ab von derselben eingegangenen
Verpflichtungen einzustehen hat, herrscht selbstverständlich unter allen
Gesetzen vollkommene Uebereinstimmung. Dagegen ist aber auch in allen
die Haftbarkeit der Genossenschafter für die *vor* ihren Eintritt entstandenen Genossenschaftsverbindlichkeiten anerkannt, und zwar mit vollem Recht,
als Folge der verliehenen rechtlichen Persönlichkeit. Denn dadurch ist
das Genossenschaftsvermögen in seinem Aktiv- und Passivstande selbst-
ständiger Träger von Rechten und Pflichten geworden, und der Eintretende
hat zu prüfen, ob ihm dieser Status zusagt, im Fall des Eintritts aber ihn
zu nehmen, wie er liegt. Bei nicht eingetragenen Genossenschaften, wo die
Mitglieder nur als Mitberechtigte und Mitverpflichtete aus den von ihnen
abgeschlossenen Geschäften angesehen werden, liegt die Sache natürlich
anders, und können dieselben nur aus den *während* ihrer Mitgliedschaft
kontrahirten Schulden angegriffen werden.

Mitgliedern binnen einer gewissen Frist nach dem Austritt, die Exnexuation von den Vereinsschulden mittelst Konsenses der Gläubiger, oder die Vertretung gegen diese durch die in der Mitgliedschaft Verbleibenden zuzusichern. Die Schwierigkeiten, die dabei obwalteten, wie die Verwickelungen, welche für die Genossenschaften dabei in Aussicht standen, brauchen wir nicht länger auszuführen.

Andererseits tritt ebenso gebieterisch die Wahrung der Rechte der Gläubiger der Loslösung austretender Mitglieder von der Haft gegenüber. Freilich ist davon in dem Augenblicke abzusehen, wo man die Zulassung der auf Kapitalantheile beschränkten Haft an Erfüllung der von uns aufgestellten Bedingungen knüpft, indem bei vollständig gesichertem Grundkapital von den Personen der Aktionaire gar nicht mehr die Rede ist. Allein bei der, in den bez. Gesetzen für die Genossenschaften zugelassenen Haft, wo die Geschäftsantheile beim Austritt zurückgezogen werden, und bei Genossenschaften mit unbeschränkter Haftpflicht, wo dies ebenfalls geschieht, kann das beschränkte oder unbeschränkte Anrecht des Gläubigers an jedes einzelne Mitglied unmöglich sofort mit dessen Austritt endigen. Denn da die dem Austritt vorhergehende Kündigung lediglich innerhalb des Kreises der Genossenschaft vor sich geht und erst der vollzogene Austritt der Behörde angezeigt und in den dort öffentlich ausliegenden Mitgliederlisten notirt wird, käme die Thatsache doch erst zu einer Zeit zur Kenntniss der Gläubiger, wo der Verlust ihres Rechts dadurch bereits herbeigeführt wäre. Dadurch würde aber den Gläubigern das Haftobjekt, auf welches hin sie lediglich mit den Genossenschaften sich in Geschäfte eingelassen haben, jederzeit in der willkürlichsten Weise ganz oder theilweise entzogen und sie in ihrem guten Rechte auf das Wesentlichste geschädigt werden können. Ja selbst bei der Verlängerung der Haftpflicht bis zur Notirung des Austritts in den öffentlichen Listen wird die sofortige Kenntnissnahme der Gläubiger davon niemals in so kurzer Frist vorausgesetzt werden dürfen, da man denselben nicht zumuthen kann, durch täglich fortgesetzte Recherchen bei der Behörde sich im Laufenden über den Mitgliederbestand zu erhalten. Strenge genommen, würde daher, wie im Interesse der Mitglieder die *Exnexuation*, so zu Gunsten der Gläubiger eine Art *Liquidation*, d. h. eine spezielle Zuziehung derselben zum Behufe der Befreiung Austretender aus der Haft Statt finden müssen, wie sie bei Genossenschaften mit beschränkter Kapitalhaft die Regel bildet, sobald das Grundkapital vermindert werden soll *). Denn Nichts anders als eine Reduktion des Haftobjekts liegt vor, sobald bei der persönlichen Haft ein Mitglied überhaupt, bei der blossen Kapitalhaft ein Mitglied unter Rücknahme seines Geschäftsantheils ausscheidet, indem in beiden Fällen den Gläubigern durch einseitige Handlungen der Schuldner ihr Anrecht, hier an das Vermögen, dort an den Geschäftsantheil des Austretenden verloren geht.

Als das geeignete Ausgleichungsmittel für die solchergestalt in Widerstreit begriffene Interessen stellte sich einzig die Zulassung der *Verjährung mit erheblich abgekürzter Frist* dar, wie man dieselbe allgemein in den aufgeführten Gesetzen in Bezug auf die ausscheidenden Mitglieder findet, mag dieses Ausscheiden sich auf sämmtliche Mitglieder im Falle der Auflösung der Genossenschaft, oder nur auf einzelne, bei Fortdauer derselben, erstrecken. Wird darnach den Mitgliedern im Interesse der Gläubiger zugemuthet, sich noch eine mässige Frist nach ihrem Austritt an die laut des Gesellschaftsvertrages übernommene Haftpflicht gebunden zu achten: so mögen die Gläubiger, damit diese Frist nicht weiter, als der Zweck erfordert, ausgedehnt werde, auch ihrerseits die erforderliche Sorgfalt anwenden, welche die Wahrung ihrer Rechte erheischt. Und hier werden die Perioden, innerhalb welcher, nach allgemeinem Geschäftsbrauch und in Gemässheit der Bestimmungen der betreffenden Gesetze insbesondere, die Rechnungsabschlüsse der Genossenschaften erfolgen müssen, zu berücksichtigen sein. Schon die Oeffentlichkeit dieser Abschlüsse, die Bekanntmachung der behufigen Generalversammlungen in den Zeitungen, müssen nothwendig die Aufmerksamkeit der Gläubiger auf sich ziehen, und dieselben, bei nur einiger Sorgsamkeit, zur Prüfung der wirthschaftlichen Lage der ihnen verpflichteten Genossenschaf-

---

*) cfr. Oben Seite 48, 49.

ten veranlassen, wobei der Mitgliederbestand wie er aus den mit jenen Abschlüssen zugleich bei den Behörden einzureichenden Listen bequem zu kontroliren ist, eine wichtige Rolle spielt. Ein bis zwei Jahre werden demnach vollkommen zu dem Zwecke ausreichen, wobei wir der *zweijährigen* Frist den Vorzug geben, weil es sich auf Seiten der Gläubiger um Wahrung eines wirklichen *Rechts,* gegenüber der blossen *Zweckmässigkeit* für die Mitglieder handelt. Ohnedem befindet sich das Interesse der Gläubiger in dieser Hinsicht mit dem wahren Interesse der Mitglieder gar nicht einmal im Widerstreit, da Alles was die Stellung der ersteren erschwert, ungünstig auf die Kreditgewährung an die letzteren zurückwirkt, wie wir oben gesehen haben.

Die Fristen, welche die uns vorliegenden Gesetze und Entwürfe für die Verjährung einführen, wechseln zwischen ein bis fünf Jahren. So ist die einjährige Verjährung des *Englischen* Gesetzes im *Oesterreichischen* Entwurfe für Genossenschaften mit beschränkter Haft, im *Sächsischen* Gesetze dagegen für solche mit unbeschränkter Haft beibehalten. Das *Preuss. Norddeutsche* Gesetz, welches es nur mit letzterem zu thun hat, setzt eine zweijährige Frist, welche der *Buirische* Entwurf für alle Gattungen von Vereinen beibehält. Dagegen dehnt der *Oesterreichische* Entwurf bei Annahme der unbeschränkten Haftpflicht die Frist auf drei Jahre, das *Französische* Gesetz für die Gesellschaften à capital variable auf fünf Jahre aus, was uns den angedeuteten Verhältnissen nicht ganz entsprechend erscheint*).

Im Allgemeinen sind hiernach die einschlagenden Verhält-

---

*) Die eigenthümliche Bestimmung der *Englischen* Gesetze mag hier noch Erwähnung finden, wonach gegen frühere Mitglieder, vor Ablauf der Verjährung, die Haft doch nur dann geltend gemacht werden kann, wenn es dem Gericht erscheint, dass die gegenwärtigen Mitglieder unfähig sind, die schuldigen Kontributionen zur Deckung aller Vereinsgläubiger zu erlegen. Wir können eine solche blos subsidiäre Haft der Ausgeschiedenen nicht befürworten, weil damit der eine Zweck ihrer während der Verjährungsfrist noch andauernden Haft verfehlt wird, die Sicherung der in der Genossenschaft Zurückbleibenden gegen Machinationen, welche auf ein Abwälzen der Mithaft bei drohenden Verlusten hinauslaufen, und gefährliche Krisen für den Bestand der Genossenschaft herbeiführen können.

nisse in genügender Weise geordnet, und wir haben nur noch den Wirkungen davon in Bezug auf die Stellung der Gläubiger nach- zugehen. Dass denselben bei *unbeschränkter* Haftpflicht der Ge- nossenschafter Alles dadurch gewährt ist, was sie berechtigter Weise fordern können, dürfen wir mit voller Bestimmtheit aus- sprechen. Wirklich bedarf es nur der gewöhnlichsten Sorgsamkeit ihrerseits, welche Jedermann in den Geschäften des bürgerlichen Lebens anzuwenden verpflichtet ist, um Schaden von sich abzu- wenden, wesshalb der Gesetzgeber nicht durch weiter gehende Massregeln in die Bedingungen des Gedeihens der Genossen- schaften hemmend eingreifen darf. Ebenso bestimmt aber, wie die Zulänglichkeit der Massregeln im vorstehenden Falle, müssen wir die Unzulänglichkeit derselben behaupten, insofern man darin einen Ersatz für die mangelhafte Fundirung bei der auf bestimmte Kapitalbeträge beschränkten Haftbarkeit (S. 44 flgd.) suchen wollte. Was besonders die Bildung eines den Anforderungen entsprechen- den Grundkapitals anlangt, so erscheinen die Leistungen der Ge- nossenschafter, während sie noch innerhalb der Mitgliedschaft stehen, ungenügend, woran natürlich der Umstand, dass man sie auch nach dem Austritte heranziehen kann, wenig bessert. Das was sich, besonders unter Anwendung der im *Oesterreichischen* Entwurf enthaltenen Kautel, etwa erreichen lässt, ist die Hemmung des Herausziehens der Geschäftsantheile während der Verjährungs- frist, was indessen den Gläubiger nur insoweit gegen die Aus- geschiedenen zu Statten kommt, als die Liquidation der Gesell- schaft in die Zeit vor Ablauf der Verjährung bei ihnen fällt. Das hauptsächlich Erschwerende des Verhältnisses für die Gläubiger aber ist die Rechtsverfolgung gegen jeden einzelnen Ausgetretenen, da von dem Einschreiten Seitens der Genossenschaft selbst gegen die ihr nicht mehr Angehörigen in keinem der hierbei in Betracht kommenden Gesetze die Rede ist. Wie viel anders und schlimmer ist hier die Lage des Gläubigers, als bei der Solidarhaft. Ge- stattet ihm die letztere, sich an jeden der jetzigen und gewesenen Genossenschafter bis zum Ablauf der Verjährung wegen seiner ganzen Forderung zu halten, und, im Fall die Genossenschaft nicht von selbst Anstalt zu seiner Befriedigung trifft, sich die-

jenigen Mitglieder auszusuchen, durch die er am raschesten zum
Ziele zu gelangen denkt: so soll er hier antheilig gegen eine Menge
Einzelner oft wegen der geringfügigsten Summen mit welcher Jeder
davon noch in Haft steht, in Separatprozessen vorgehen. Dabei
stösst er auf Weiterungen und Kosten aller Art, und hat obenein
nicht die mindeste Sicherheit, dadurch zu seiner völligen Befriedigung zu gelangen, da kein Mitglied für Ausfälle, die er durch
Insolvenz der anderen erleidet, aufzukommen hat. Dass dies, wenn
mehrfache Erfahrungen davon in grösseren Kreisen bekannt geworden sind, den Kredit der Genossenschaften zu fördern wenig
geeignet ist, wird man leicht einsehen.

Fasst man alles Vorstehende zusammen und vergleicht den
verwickelten zu dem fraglichen Behufe angewendeten Apparat mit
den dadurch erreichten Resultaten, so muss man sich wirklich
darüber verwundern, dass man von dem schon nach allgemeinen
Rechtsprinzipien angezeigten Wege, auf welchem das Wesen der
Personal-Genossenschaften allein zum vollen Ausdruck gelangt, wie
ihn das *Preussisch-Norddeutsche* und mit gewissen Einschrän-
kungen auch das *Sächsische* Gesetz beschritten haben, abgewichen
ist. Das wohlerwogene Interesse der bei den Genossenschaften
Betheiligten war es gewiss nicht, was dazu drängte, das glauben
wir nachgewiesen zu haben. Niemals wird der wirthschaftliche
Aufschwung einzelner oder bestimmter Gesellschaftsklassen wahrhaft gefördert durch Schädigung der Grundbedingungen des gesellschaftlichen Verkehrs überhaupt. Und dazu tritt nun noch die
Modifikation in der Geltendmachung der Solidarhaft nach dem
Norddeutschen Gesetz, wodurch es die Genossenschaften in der
Hand haben, die Kontributionen ihrer Mitglieder, ohne alle pro-
zessualische Weiterungen, eintretenden Falles auf bestimmte mässige
Beträge zu beschränken. Und so fragt man sich immer wieder,
warum die Gesetzgebung nicht überall auf dieses einfache Auskunftsmittel gefallen ist, welches unsern Genossenschaften, ohne
die Wirksamkeit der unbeschränkten solidaren Haft als unentbehr-
licher Kredit-Basis für sie zu schwächen, doch gegen die schlimmste
Seite derselben schützt? Wir glauben den Grund davon lediglich
in der verschiedenen Stellung suchen zu sollen, welche die Gesetz-

geber zu der ganzen Bewegung in den einzelnen Ländern einge-
nommen haben. Nur innerhalb des *Norddeutschen Bundes* ist die
Initiative zu der bez. Gesetzgebung aus dem Kreise der Genossenschafter selbst ausgegangen, zu denen überall eine Anzahl gebil-
deter Geschäftsmänner und Juristen gehörte. Insbesondere sind
das *Preussische* und *Norddeutsche* Gesetz wesentlich aus Arbeiten
des Verfassers, als erwählten Genossenschaftsanwalts, hervorgegan-
gen, welche von den Leitern der Genossenschaften auf deren Versammlungen, wie in der Genossenschaftspresse gründlich discutirt,
von ihm selbst in den gesetzgebenden Körpern vertreten wurden,
so dass sie füglich als der Ausdruck des praktischen Bedürfnisses
der betheiligten Kreise selbst gelten dürfen. Ganz anders verhält
es sich in *England* und *Frankreich*, wo die Gesetzgeber der Genossenschaftsbewegung mehr als wohlwollende Gönner, wie als
Theilnehmer gegenüber stehen, eine thätige Betheiligung an der
gesetzgeberischen Arbeit selbst Seitens der Englischen und Französischen Genossenschafter, soviel bekannt, aber nicht Statt gefunden hat. In *Oesterreich* und *Baiern* wiederum ist die Bewegung
noch zu jung, hat erst neuerlich grössere Verbreitung gefunden,
und der einzige Schritt, welcher aus den Reihen der Genossenschafter selbst in dieser Beziehung dort gethan ist, besteht in der
Petition der Genossenschaften der *Bairischen Rheinpfalz*, welche
in ihrer Ausbildung den übrigen bisher vorangeeilt sind, worin
dieselben die zweite Kammer in München um Verwerfung der Re-
gierungsvorlage und Anschluss an das Preussisch - Norddeutsche
Gesetz bei Erlass eines Genossenschaftsgesetzes für Baiern er-
suchen.

2.

Der rechte Weg.

Wie aus diesem Gewirr von Missständen und Unzulänglich-
keiten herauszukommen sei, lässt sich nach dem, was wir beige-
bracht haben, unschwer übersehn, wenn man den Unterschied, der
zwischen den beiden Arten der Genossenschaft, den *Kapital-* und
Personalgenossenschaften, obwaltet, festhält. Wie wir in den

früheren Abschnitten nachgewiesen haben, stehen beide in ihren
natürlichen Existenzbedingungen, besonders rücksichtlich der Haftart, welche sich mit innerer Nothwendigkeit für eine jede ergiebt,
im Gegensatz zu einander. Die beschränkte Haftbarkeit, das Lebenselement der Kapitalgenossenschaft, ist unanwendbar auf die
Personalgenossenschaft, weil es dieser thatsächlich an den nothwendigen Voraussetzungen dazu gebricht. Hinwiederum gewinnt
die letztere einzig mittelst der persönlichen Haft den unerlässlichen geschäftlichen Halt, besonders eine wirksame Kreditbasis.
So wenig man die mit dem Wesen einer jeden innig verflochtenen,
thatsächlichen Voraussetzungen von der einen auf die andere übertragen kann, so wenig kann man dies hinsichtlich der rechtlichen
Folgen, welche sich daraus naturgemäss ergeben. Vielmehr müssen
diese speziell, für die Personal- wie für die Kapitalgenossenschaft,
nach der Besonderheit einer jeden im Gesetz festgestellt und wohl
auseinandergehalten werden, da jede Vermengung den zum gesunden Gedeihen der einen wie der' andern erforderlichen Boden
verdirbt. Aus der Natur eines jeden Instituts hat der Gesetzgeber
die Rechtsnormen abzuleiten, unter welche er dasselbe stellt, und
dabei dem praktischen Bedürfniss der Betheiligten und den allgemeinen Verkehrsinteressen gleichmässig Rechnung zu tragen. Wer
sich alsdann einem dieser anerkannten Institute einreihen will, muss
vor Allem die für dasselbe aufgestellten gesetzlichen Erfordernisse erfüllen. So lange aber unsere Handwerker und Arbeiter, als der Hauptstamm bei unseren Organisationen, noch keine Kapitalisten sind,
können sie auch bei Gründung von Genossenschaften sich nicht
als solche geriren, können sie keine Kapitalgenossenschaften bilden,
einfach weil sie den Erfordernissen, welche der Gesetzgeber für
solche angeordnet hat, und anordnen musste, zu genügen ausser
Stande sind. Anstatt daher vom Gesetzgeber die Entbindung von
diesen ganz unerlässlichen Bedingungen zu verlangen, müssen die
Genossenschaften im Gegentheil an sich selbst die Forderung stellen,
dieselben zu erfüllen. Mit einem Worte: wollen sie statt der persönlichen die blosse Kapitalhaft, so müssen sie sich aus *Personal*-
zu wirklichen *Kapital*genossenschaften umbilden, alle Elemente
der letztern in sich vereinigen, unter Wahrung aller der Garantieen,

welche das Gesetz, besonders hinsichtlich des als Haftobjekt an die Stelle der persönlichen Verantwortlichkeit tretenden Grundkapitals, erfordert.

Umwandlung der Personal- in Kapitalgenossenschaften.

Dass diese Umwandlung freilich nicht von Haus möglich ist, dass erst nach mehrjährigen günstigem Geschäftsgange eine Personalgenossenschaft dahin gelangen kann, den Stamm ihrer Mitglieder durch Kapitalansammlung in die Lage zu versetzen, sich mit dem erforderlichen Einsatz bei dem Zusammenschiessen des Grundkapitals zu betheiligen, und auch sonst die nothwendigen Garantieen zu bieten, haben wir bereits gesagt (Seite 50, 51). Ist man aber soweit gediehen, so lässt sich die Umwandlung ohne grosse Schwierigkeiten vollziehen. Denn erstens existirt in den Geschäftsantheilen der Mitglieder bereits ein der Disposition der Einzelnen während der Mitgliedschaft entzogenes Kapital, womit schon viel gewonnen ist. Sodann hat aber überhaupt der Geschäftsgang bei den Genossenschaften denselben Zuschnitt, wie bei Aktiengesellschaften, sowohl was die Leitung der Gesellschaftsangelegenheiten durch Vorstände und Beamte, wie die Betheiligung der Mitglieder dabei mittelst der Generalversammlungen anlangt. Die inneren Verhältnisse der Genossenschaft werden demnach durch die Umwandlung kaum berührt, indem die Mitglieder sich vorlängst in denselben geschäftlichen Formen zu bewegen gewöhnt worden sind. Die vorzunehmenden Veränderungen werden sich daher zumeist nur auf diejenigen Punkte zu erstrecken haben, welche das Verhältniss der Genossenschaft und ihrer Mitglieder *nach Aussen*, dritten Personen gegenüber betreffen. Und hier stellt sich vor Allem als nothwendig dar:

a) ein fester, von Haus aus in sich bestimmter Satz sowohl für die Gesammtsumme des Grundkapitals, wie für die einzelnen Antheile der Mitglieder daran, mit der Verpflichtung der letztern zur Vollzahlung dieser Antheile;

b) das Verbot der Herausziehung derselben aus der Kasse der Gesellschaft während deren Dauer, so dass sie auch für den Fall des Austritts ihrer Inhaber nur an Dritte *abgetreten*, aber nicht gekündigt und zurückgezogen werden können

Treten diesen Garantieen dann die bereits in den verschiedenen Gesetzen den Genossenschaften auferlegten Pflichten hinsichtlich der Veröffentlichung der Bilanz und der Liquidation hinzu, so sind eben diejenigen Forderungen erfüllt, welche wir als nothwendig bei Zulassung der beschränkten Haft aus der Natur dieses Verhältnisses abgeleitet haben.

Legislatorische Aufgabe für Genossenschaften mit beschränkter Haft.

Nach alledem ergiebt sich von selbst, was der Gesetzgebung für *Deutschland* in dieser Beziehung zu thun bleibt. Unter allen Umständen erscheint der Erlass eines Ausnahmegesetzes verwerflich, wodurch Vereine, die ihrem Wesen nach zu den Personalgenossenschaften gehören und deshalb nicht im Stande sind, die erforderlichen Garantieen der Kapitalhaft zu bieten, davon entbunden werden, diese Haftart also bei ihnen ohne das unerlässliche Komplement derselben zugelassen wird. Vielmehr muss es auch für sie bei dem für Gesellschaften mit beschränkter Haftbarkeit überhaupt, denen sie sich in jeder Beziehung einzuordnen haben, geltenden Rechte verbleiben. Ein solches existirt aber, wir wiederholen es, in dem Abschnitt des Allgem. Deutschen Handelsgesetzbuchs über Aktiengesellschaften für alle hierher gehörigen Vereinigungen kommerzieller Natur, und zwar wie wir gezeigt haben, unter Wahrung aller von uns aufgestellten Requisite, von deren keinem wir unsere Genossenschaften bei ihrem Uebergange zur beschränkten Haft entbinden können. Nach diesem Gesetze haben daher auch sie sich zu konstituiren, und es kann sich daher lediglich hierbei noch fragen: ob und worin dasselbe etwa, nicht im speziellen Interesse der bez. Genossenschaften, sondern im gemeinsamen Interesse aller unter dasselbe fallenden Gesellschaften mit beschränkter Haft, einschliesslich der Genossenschaften, einer Verbesserung fähig und bedürftig sei. Und diese Frage gewinnt

durch die von uns behandelten Gesetze eine Seite, die wir nicht
unberücksichtigt lassen dürfen.

In denselben befinden sich nämlich, mit Ausnahme des *Preuss.*
Norddeutschen, die Personalgenossenschaften ausschliesslich be-
handelnden Gesetzes, der Englischen Industr. and Provid. societ.
Acte und des *Baierischen* Entwurfs, nebenbei auch Vorschriften,
welche sich auf *Aktiengesellschaften im Allgemeinen* beziehen.
Und zwar wird dadurch gleichmässig, sowohl in dem *Sächsischen*
und *Französischen* Gesetze, in der *Englischen* Companies-Acte,
wie in dem *Oesterreichischen* Entwurfe eine wesentliche Bestimmung des Allgem. Deutschen Handelsgesetzbuchs aufgehoben, oder
doch modifizirt, was wir nicht umhin können als einen entschie-
denen Fortschritt diesen Gesetzen zum grossen Verdienst anzu-
rechnen. Ohne an die Regelung der mehrgedachten, unerlässlichen,
sachlichen Garantieen zu rühren, wird dadurch ein rein äusser-
liches, in keiner Weise durch innere Gründe gebotenes Hemmniss
in der freien Gestaltung solcher Gesellschaften weggeräumt: die
Konzession der Staatsbehörden zur Errichtung derselben. Nimmt
doch das Allgem. Deutsche Handelsgesetzbuch selbst eine Stellung
zu dieser Konzession ein, welche die Tendenz auf Abschaffung derselben ziemlich deutlich erkennen lässt. Nicht nur, dass es den
deutschen Landesgesetzgebungen die Befugniss zur Aufhebung derselben vorbehält (Art. 249), bekennt es sich durch Aufstellung
von *Normativbedingungen* im Gesetz, deren Vorhandensein in den
Gesellschaftsverträgen der Richter zu prüfen hat, ehe er durch
Eintragung in das Handelsregister der Gesellschaft die Anerkennung ihrer rechtlichen Existenz verleiht, zu einem System, welches
dem Konzessionswesen direkt entgegensteht. Wirklich darf man
beides nur alternativ, nicht kumulativ zulassen, soll sich nicht eins
durch das andere aufheben. Entweder stellt der Gesetzgeber die
Bedingungen im Allgemeinen fest und unter Obhut des Richters,
von deren Erfüllung die Zulassung von Gestaltungen der bezüglichen Art, abhängig sein soll, wobei er alle den allgemeinen
Verkehrsinteressen schuldigen Rücksichten zu nehmen hat; oder
aber man entzieht die Sache der gesetzlichen Regelung und überlässt die Entscheidung in jedem einzelnen Falle dem subjektiven

Befinden der Verwaltungsbehörde. Dass der letztere Weg nur gar zu leicht zu allerhand willkürlichen, keineswegs durch Rücksichten auf das Gemeinwohl gebotenen Freiheitsbeschränkungen führt, lehrt die Erfahrung, und wir werden uns schon deshalb nicht dafür zu erklären haben. Noch bedenklicher aber wird die Sache, wenn, bei einer Kumulirung beider Wege, wie sie noch jetzt bei uns Statt findet, die Verwaltungsbehörde über dem Gesetz und dem Befunde des Richters steht, und jede solche Angelegenheit zum Voraus der richterlichen Prüfung entziehen und ohne auf das Vorhandensein der gesetzlichen Bedingungen irgend zu achten, erledigen kann. In der That kann der Forderung der Rechtsgleichheit für die Staatsangehörigen in einer für ihre wirthschaftlichen Interessen so wichtigen Materie, wie sie die Zulassung zu Gesellschaften der bez. Art enthält, nur durch Feststellung gleicher Bedingungen für Alle durch das Gesetz, genügt werden. Daneben noch einen administrativen Konsens erfordern, hat nur in solchen Fällen einen Sinn, wo aussergewöhnliche Befugnisse von den Gründern solcher Gesellschaften begehrt werden, welche das öffentliche Interesse in erheblicher Weise in Mitleidenheit ziehen können, wie dies z. B. bei Kreirung von Werthpapieren oder Geldzeichen, Anlage von Eisenbahnen, Kanälen und dergl. der Fall ist. Dass aber auch alsdann die Konzession immer nur in Bezug auf den einzelnen, dem administrativen Befunde unterstellten Punkt gefordert werden darf, alles Andere nur von Wahrung der gesetzlichen Normativbedingungen abhängen muss, versteht sich von selbst.

Die definitive Ordnung der Haft als Freiheitsbeschränkung.

So bleibt denn zuletzt noch ein gegen die von uns befürwortete feste Ordnung der Rechtsverhältnisse der Genossenschaften erhobener Haupt-Einwand übrig. Dadurch, dass den Genossenschaften nicht die beliebige Wahl der Haftbasis überlassen, diese vielmehr, der Natur ihrer Verbindung gemäss, durch das Gesetz definitiv festgestellt werden soll, werde das grosse, für die Gesammtentwickelung wie für das individuelle Gedeihen so wesentliche

Prinzip der *Freiheit* verletzt, so sagt man von gewisser Seite.
Wir gestehen, dass wir nicht leicht eine grössere Begriffsverwirrung, als bei den Vertretern dieser Anschauung gefunden haben,
und führen ausser dem, was schon aus den früheren Abschnitten
dagegen entnommen werden mag, nur noch Folgendes an.

Wollen wir uns überhaupt in gesellschaftlichen Zuständen
bewegen, so findet die Freiheit des Einzelnen, zu thun und zu
lassen, was ihm beliebt, wie wir im II. Abschnitt ausführlicher
dargethan haben, stets darin ihre Schranke, dass dies Thun und
Lassen die Möglichkeit gesellschaftlichen Zusammenlebens überhaupt nicht antasten darf. Die menschliche Gesellschaft beruht
auf gewissen wirthschaftlichen, rechtlichen und sittlichen Funda-
menten, und die in ihr zugelassenen Verkehrsformen dürfen mit
diesen allen Verkehr überhaupt bestimmenden, inneren Gesetzen
nicht in Widerspruch stehen. Von einer *Freiheit der Wahl* hinsichtlich der rechtlichen Consequenzen solcher Verkehrsformen, die
man so sehr betont, kann daher nur unter einer doppelten Einschränkung die Rede sein. Einmal ist eine Wahl in dieser Beziehung nur zwischen Dingen zulässig, die mit jenen Grundprin-
cipien überhaupt verträglich sind. So wenig als Jemand die
Sanktion des Gesetzes dafür beanspruchen darf, dass er überhaupt
für eingegangene, vermögensrechtliche Verpflichtungen gar nicht
haftbar sein will: so wenig kann er es für Maassregeln, welche
die Lockerung der Haft, eine willkürliche Loslösung davon begünstigen, die Rechtsverfolgung gegen ihn erschweren oder wirkungslos machen. Und dass und wie dies durch die mangelhafte
Fundirung der Kapitalhaft geschieht, haben wir oben nachgewiesen. Andrerseits aber kann eine Freiheit der Wahl nur so
lange gedacht werden, als die Wahl selbst nicht getroffen ist. Die
gesetzlichen Regeln über die Folgen einzelner Geschäftsabschlüsse,
sowie gewisse Formen eines Geschäftsbetriebes im Ganzen liegen
vor Jedermann offen da und es steht in unserem freien Willen,
ob wir darauf hin uns einlassen wollen oder nicht. Ist dies aber
geschehen, so haben wir mit unserer Freiheit für den konkreten
Fall abgeschlossen. Wir haben eben von der *Freiheit, uns zu
binden*, Gebrauch gemacht, diese Bindung geht unmittelbar aus

unserer Selbstbestimmung hervor, und es ist der eigne vollzogene Willensakt, welcher in ihr als fertige Thatsache vor uns steht. So ziehen wir aus unserem eigensten Sein und Wollen heraus unablässig, gleich der Spinne, die Fäden, welche unser Dasein mit dem kunstvoll verschlungenen Gewebe des menschlichen Verkehrs verknüpfen. Diese Fäden gewaltsam lösen, macht einen Riss in das Ganze, und bringt uns mit dem Gesammtinteresse der Gesellschaft in Konflikt. Eben deshalb führt aber auch jedes solche Beginnen zum Ruin der Freiheit. Nur innerhalb der Menschengesellschaft, das beherzige man wohl, gelangt der einzelne Mensch zur Freiheit. Sie allein gewährleistet die zur physischen und geistigen Entwickelung der Individuen, wie zum Kulturfortschritt unseres gesammten Geschlechts erforderlichen Bedingungen und Zustände. Ausserhalb ihres Kreises giebt es für uns nur Elend und· Verkümmerung, statt des Gedeihens; nur Unterwerfung unter die blind waltenden Naturmächte, anstatt deren Beherrschung. Dagegen hat keine Auflehnung jemals Bestand. Denn am Ende wirft die Gesellschaft durch die jede Individualität erdrückende Wucht ihrer wirthschaftlichen und Kulturinteressen ein solches Beginnen mit elementarer Gewalt nieder.

Das Vorstehende wird darthun, dass die von uns befürwortete Ordnung des Genossenschaftsrechtes, nicht zur Beschränkung, sondern zur Sicherung der wirthschaftlichen Freiheit führt, indem sie den thatsächlich gegebenen Verhältnissen der betheiligten Volksklassen, wie den Prinzipien des Rechts und Verkehrs gleichmässig Rechnung trägt. Dagegen finden sich gerade in den der anderen Richtung angehörigen Gesetzen, in Folge des Verkennens dieser Grundsätze, Bestimmungen vor, welche wir, weil sie jedes inneren Grundes entbehren, mit besserem Recht als durchaus verwerfliche Freiheitsbeschränkungen zu charakterisiren haben. Ausser dem, was wir davon in diesem und dem vorigen Abschnitt bei den einzelnen Gesetzen und Entwürfen bereits erwähnt haben, mögen noch folgende Punkte hier aufgezählt werden:

a) die Vorschriften des *Oesterreichischen* (Art. 76) und des *Baierischen* (Art. 2.) Entwurfs, wonach die Gesellschaftsverträge in *beglaubter Form* — gərichtlich oder notariell — aufgenommen werden müssen.

Wie kostspielig und zeitraubend es bei Vereinen mit so zahlreichen Mitgliedern, wie die Genossenschaften, ist, dieser _Vorschrift zu genügen, welche sich natürlich auch auf alle Abänderungen des Gesellschaftsvertrages erstreckt, stellt sich leicht dar. Fast nie werden die Mitglieder zu einem einzigen solchen Akte zusammengebracht werden können, und die einfachste Sache wird oft mehrmaliger Verhandlungen bedürfen, um ihrer definitiven Ordnung zugeführt zu werden. Zudem wird in Konsequenz dieser Bestimmung nach dem *Baierischen* Entwurfe auch die Vornahme eines beglaubten Aktes bei jedem Ein- und Austritte eines Mitgliedes nothwendig sein, weil nach bekannten Rechtsgrundsätzen in der Regel der Beitritt zu einem Vertrage und der Rücktritt davon in derselben Form zu geschehen hat, wie der Vertragsabschluss selbst. Diese äusserste Ueberhäufung mit dergleichen beglaubigten Akten hat der *Oesterreichische* Entwurf für den Eintritt (§ 75) durch ausdrückliche Zulassung der blos schriftlichen Beitrittserklärung beseitigt, und ihre Vermeidung für den Austritt insofern ermöglicht, als er (§ 79 Nr. 4) den Statuten überlässt, die Bedingungen des Ein- und Austrittes der Mitglieder zu reguliren.

Für diejenigen, welche darin eine Anomalie erblicken, dass auf Grund nicht beglaubigter Urkunden Eintragungen der Behörden in die öffentlichen Register mit vollständiger Beweiskraft geschehen, bemerken wir: dass dies nach dem Handelsgesetzbuch bei der *offenen Handelsgesellschaft*, ebenfalls Statt findet, wo sogar (Art. 80) der mündliche Vertragsabschluss zugelassen ist. Dagegen ist durch die in Person oder beglaubter Form durch die Vorstände vorzunehmende Anmeldung aller solcher zur Eintragung in das Genossenschaftsregister bestimmter Akte bei dem Handelsgericht, und in der *Verantwortlichkeit der Vorstände für die Richtigkeit ihrer Anzeigen und Meldungen* der fragliche Punkt im Preuss. Norddeutschen Gesetze, wie in dem Oesterreichischen Entwurfe hinlänglich gewahrt.

b) Ganz besonders verwerflich erscheinen in derselben Be-

ziehung die Bestimmungen des im Uebrigen so umsich-
tigen *Sächsischen* Gesetzes, wonach:

1. dem *Ermessen des Gerichts* überlassen bleibt,
   für das Statut und dessen Abänderungen die Beurkundung *in beglaubter Form* zu verlangen (§ 73);
2. das Gericht befugt ist, den Vorstand zur Berufung einer Generalversammlung anzuhalten, und
   selbst dergleichen zu berufen (§ 77); sowie
   dasselbe
3. den Genossenschaften, wenn diese ihre Wirksamkeit auf gesetzwidrige Zwecke richten, oder zah-
   lungsunfähig werden, durch blosses Dekret die
   juristische Persönlichkeit entziehen kann, was ihre
   Auflösung zur Folge hat (§§ 78, 30).

Bei diesen Bestimmungen sind wir nur darüber im Unge-
wissen, was verwerflicher ist: das Ueberlassen von Fesstellungen,
die im Gesetz gleichmässig für Alle geregelt werden müssen, an
die Behörden, welche sie beliebig in jedem einzelnen Falle anordnen können; oder die Uebertragung administrativer Befugnisse
an die Gerichte, welche vollständig ausserhalb der Aufgabe und
Kapazität derselben liegen.   So ist für die Entscheidung zu
Punkt 1. dem Richter nicht der mindeste Anhalt im Gesetz gegeben, die Abänderung der gesetzlichen Regel vielmehr lediglich
seiner Willkür anheimgestellt, wobei er sich nur durch Zweckmässigkeitsgründe in jedem einzelnen Falle leiten lassen kann.
Dazu die so ausserordentlich wichtige Entscheidung über die
Existenz der Genossenschaften zu Punkt 3. ohne kontradiktorisches
Verfahren und Urtel, im Wege der blossen Dekretur.   Was soll
man aber gar dazu sagen, dass dem Richter überlassen ist, sobald es ihm zweckmässig erscheint, den Vorstand zur Berufung
einer Generalversammlung anzuweisen, und eventuell selbst zu
berufen! — Hat man denn nicht bedacht, welche genaue Information und technische Fachkenntniss in jedem einzelnen Falle
dazu gehören, um zu beurtheilen, wann und über welche Gegenstände solche Versammlungen am Platze sind, und dass derglei-

chen doch vollständig ausserhalb des richterlichen Berufskreises
liegt? Denn solche Versammlung kann doch nicht anberaumt werden, ohne den Zweck, die Gegenstände zu bestimmen, über welche
darin Beschluss gefasst werden soll, da dies geradezu sinnlos sein
und den Beschlüssen alle rechtliche. Wirkung entziehen würde.
Der Richter, welcher dies unternimmt, müsste daher einmal, je
nach der Geschäftsbranche der betreffenden Genossenschaft, die
Kenntnisse eines Bankiers oder Fabrikanten oder Kaufmanns u. a.
besitzen, um ein Urtheil in solchen Dingen zu haben, und sodann
auch von der Geschäftslage jedes Vereins sich fortwährend in
Kenntniss erhalten, um stets zur rechten Zeit einzugreifen. Dass
und weshalb dies mit der Stellung des Richters vollkommen un-
verträglich ist, dass demselben vielmehr die Nöthigung des Vorstandes hierbei nur auf *Anrufen der betheiligten Genossenschafter*
in dem Falle zustehen darf, wenn der Vorstand die Berufung der
Generalversammlung in den im Gesetz oder im Statut eines Vereins vorgesehenen Fällen versäumt, sieht Jedermann ein. In Bezug
hierauf findet sich aber in dem *Sächsischen* Gesetze selbst (§. 24)
dem *Preuss. Norddeutschen* Gesetze (§§. 31, 66) und *Oesterreichischen* Entwurfe (§§. 110, 141) übereinstimmend die Verpflichtung
des Vorstandes ausgesprochen: dass auf einen mit Angabe des
Zweckes und der Gründe versehenen schriftlichen Antrag des
10. Theiles der Mitglieder (ein Verhältniss welches im Statut auch
anders bestimmt werden darf) der Vorstand verpflichtet ist, eine
Generalversammlung anzuberaumen. Wenn er dies versäumt, so
wird er nach dem *Preuss. Norddeutschen* Gesetze und *Oesterreichi-
schem* Entwurfe vom Richter dazu angehalten. Hierauf musste
sich auch das *Sächsische* Gesetz beschränken, und die Initiative
in solchen innern geschäftlichen Angelegenheiten denen überlassen,
welchen sie allein zukommt, den betheiligten Geschäftsinhabern,
nicht aber den Richter in eine Verantwortlichkeit dadurch hin-
eindrängen, dass man ihm Massnahmen von Amtswegen zuweist,
die Alles eher als seines Amtes sind.

Mit dieser Verwahrung unseres Standpunktes schliessen wir
diese Blätter. Die wahre Freiheit beruht stets auf bewusster Anerkennung der in den Dingen liegenden Nothwendigkeiten, der
innern Gesetzlichkeit alles Seins. Niemals wird dieselbe dadurch

geschädigt, dass man sich dem fügt, sondern dadurch, dass man dagegen ankämpft. Denn um den hieraus fliessenden Missständen abzuhelfen, sieht man sich, im Mangel jedes innern sachlichen Haltes, zu allerlei äusserlichen Mitteln gedrängt, und greift, um der Nothwendigkeit auszuweichen, zur Willkür, so dass man am Ende, statt Abhülfe zu schaffen, das Uebel verstärkt. Die deutschen Genossenschaften haben in einem langjährigen Kampfe für ihre gesetzliche Existenz gegen willkürliche Zumuthungen aller Art reichliche Proben davon erlebt: Sie werden, das vertrauen wir, den gewonnenen Boden zu behaupten wissen.

IV.

Anhang.

Die im I. Abschnitt angeführten Gesetze und
Verordnungen enthaltend.

1.

Gesetz für den Norddeutschen Bund
betreffend
die privatrechtliche Stellung der Erwerbs- und Wirthschafts-
Genossenschaften. Vom 4. Juli 1868.
(Bundesgesetzblatt Nr. 24, S. 415.)

Wir *Wilhelm* von Gottes Gnaden König von Preussen etc. verordnen
im Namen des Norddeutschen Bundes, nach erfolgter Zustimmung des
Bundesrathes und des Reichstages, für das ganze Gebiet des Bundes,
was folgt:

Abschnitt I.
Von Errichtung der Genossenschaften.

§. 1. Gesellschaften von nicht geschlossener Mitgliederzahl, welche
die Förderung des Kredits, des Erwerbes oder der Wirthschaft ihrer
Mitglieder mittels gemeinschaftlichen Geschäftsbetriebes bezwecken (Genossenschaften), namentlich:
1) Vorschuss- und Kreditvereine,
2) Rohstoff- und Magazinvereine,
3) Vereine zur Anfertigung von Gegenständen und zum Verkauf
   der gefertigten Gegenstände auf gemeinschaftliche Rechnung
   (Produktivgenossenschaften),

7*

4) Vereine zum gemeinschaftlichen Einkauf von Lebensbedürf-
   nissen im Grossen und Ablass in kleineren Partien an ihre
   Mitglieder (Konsumvereine),

5) Vereine zur Herstellung von Wohnungen für ihre Mitglieder,
erwerben die im gegenwärtigen Gesetze bezeichneten Rechte einer
„eingetragenen Genossenschaft" unter den nachstehend angegebenen
Bedingungen.

§. 2.   Zur Gründung der Genossenschaft bedarf es:

1) der schriftlichen Abfassung des Gesellschaftsvertrages (Statuts);

2) der Annahme einer gemeinschaftlichen Firma.

Die Firma der Genossenschaft muss vom Gegenstande der Unternehmung entlehnt sein und die zusätzliche Bezeichnung „eingetragene
Genossenschaft" enthalten.

Der Name von Mitgliedern (Genossenschaftern) oder anderen Personen darf in die Firma nicht aufgenommen werden. Jede neue Firma
muss sich von allen an demselben Orte oder in derselben Gemeinde
bereits bestehenden Firmen eingetragener Genossenschaften deutlich
unterscheiden.

Zum Beitritt der einzelnen Genossenschafter genügt die schriftliche
Erklärung.

§. 3.   Der Gesellschaftsvertrag muss enthalten:

1) die Firma und den Sitz der Genossenschaft;

2) den Gegenstand des Unternehmens;

3) die Zeitdauer der Genossenschaft, im Falle dieselbe auf eine
   bestimmte Zeit beschränkt sein soll;

4) die Bedingungen des Ein- und Austritts der Genossenschafter;

5) den Betrag*) der Geschäftsantheile der einzelnen Genossenschafter und die Art der Bildung dieser Antheile;

6) die Grundsätze, nach welchen die Bilanz aufzunehmen und
   der Gewinn zu berechnen ist, und die Art und Weise, wie die
   Prüfung der Bilanz erfolgt;

7) die Art der Wahl und Zusammensetzung des Vorstandes und
   die Formen für die Legitimation der Mitglieder des Vorstandes
   und der Stellvertreter derselben;

8) die Form, in welcher die Zusammenberufung der Genossenschafter geschieht;

---

*) Im offiziellen Text des Gesetzes steht irrthümlich „Beitrag".

9) die Bedingungen des Stimmrechts der Genossenschafter und die Form, in welcher dasselbe ausgeübt wird;

10) die Gegenstände, über welche nicht schon durch einfache Stimmenmehrheit der auf Zusammenberufung erschienenen Genossenschafter, sondern nur durch eine grössere Stimmenmehrheit oder nach anderen Erfordernissen Beschluss gefasst werden kann;

11) die Form, in welcher die von der Genossenschaft ausgehenden Bekanntmachungen erfolgen, sowie die öffentlichen Blätter, in welche dieselben aufzunehmen sind;

12) die Bestimmung, dass alle Genossenschafter für die Verbindlichkeiten der Genossenschaft solidarisch und mit ihrem ganzen Vermögen haften.

§. 4. Der Gesellschaftsvertrag muss bei dem Handelsgerichte, in dessen Bezirk die Genossenschaft ihren Sitz hat, nebst dem Mitgliederverzeichnisse durch den Vorstand eingereicht, vom Gerichte in das Genossenschaftsregister, welches, wo ein Handelsregister existirt, einen Theil von diesem bildet, eingetragen und im Auszuge veröffentlicht werden.

Der Auszug muss enthalten:

1) das Datum des Gesellschaftsvertrages;

2) die Firma und den Sitz der Genossenschaft;

3) den Gegenstand des Unternehmens;

4) die Zeitdauer der Genossenschaft, im Fall dieselbe auf eine bestimmte Zeit beschränkt sein soll;

5) die Namen und den Wohnort der zeitigen Vorstandsmitglieder;

6) die Form, in welcher die von der Genossenschaft ausgehenden Bekanntmachungen erfolgen, sowie die öffentlichen Blätter, in welche dieselben aufzunehmen sind.

Zugleich ist bekannt zu machen, dass das Verzeichniss der Genossenschafter jeder Zeit bei dem Handelsgerichte eingesehen werden könne.

Ist in dem Gesellschaftsvertrage eine Form bestimmt, in welcher der Vorstand seine Willenserklärungen kund giebt und für die Genossenschaft zeichnet, so ist auch diese Bestimmung zu veröffentlichen.

§. 5. Vor erfolgter Eintragung in das Genossenschaftsregister hat die Genossenschaft die Rechte einer eingetragenen Genossenschaft nicht.

§. 6. Jede Abänderung des Gesellschaftsvertrages muss schriftlich erfolgen und dem Handelsgerichte unter Ueberreichung zweier Abschriften des Genossenschafts-Beschlusses angemeldet werden.

Mit dem Abänderungsbeschlusse wird in gleicher Weise wie mit dem ursprünglichen Vertrage verfahren. Eine Veröffentlichung desselben findet nur insoweit statt, als sich dadurch die in den früheren Bekanntmachungen enthaltenen Punkte ändern.

Der Beschluss hat keine rechtliche Wirkung, bevor derselbe bei dem Handelsgerichte, in dessen Bezirk die Genossenschaft ihren Sitz hat, in das Genossenschaftsregister eingetragen worden ist.

§. 7. Bei jedem Handelsgerichte, in dessen Bezirk die Genossenschaft eine Zweigniederlassung hat, muss diese Behufs der Eintragung in das Genossenschafts-Register angemeldet werden, und ist dabei Alles zu beobachten, was die §§. 4. bis 6. für das Hauptgeschäft vorschreiben.

§. 8. Das Genossenschaftsregister ist öffentlich, und gelten hierbei die im Allgemeinen Deutschen Handelsgesetzbuch in Bezug auf das Handelsregister gegebenen Bestimmungen.

Abschnitt II.

Von den Rechtsverhältnissen der Genossenschafter unter einander, sowie den Rechtsverhältnissen derselben und der Genossenschaft gegen Dritte.

§. 9. Das Rechtsverhältniss der Genossenschafter unter einander richtet sich zunächst nach dem Gesellschaftsvertrage. Letzterer darf von den Bestimmungen der nachfolgenden Paragraphen nur in denjenigen Punkten abweichen, bei welchen dies ausdrücklich für zulässig erklärt ist.

In Ermangelung einer anderen Bestimmung des Gesellschaftsvertrages wird der Gewinn unter die Genossenschafter nach Höhe von deren Geschäftsantheilen vertheilt, ebenso der Verlust, soweit diese Antheile zusammen zu dessen Deckung ausreichen, wogegen ein nach Erschöpfung des Genossenschaftsvermögens noch zu deckender Rest gleichmässig nach Köpfen von sämmtlichen Genossenschaftern aufgebracht wird.

Genossenschafter, welche auf ihre Geschäftsantheile die ihnen statutenmässig obliegenden Einzahlungen geleistet haben, können von anderen Genossenschaftern nicht aus dem Grunde, weil letztere auf ihre Antheile mehr eingezahlt haben, im Wege des Rückgriffs in Anspruch genommen werden, sofern nicht der Gesellschaftsvertrag ein Anderes festsetzt.

§. 10. Die Rechte, welche den Genossenschaftern in Angelegenheiten der Genossenschaft, insbesondere in Beziehung auf die Führung der Geschäfte, die Einsicht und Prüfung der Bilanz uud die Bestimmung der Gewinnvertheilung zustehen, werden von der Gesammtheit der Genossenschafter in der Generalversammlung ausgeübt.

Jeder Genossenschafter hat hierbei Eine Stimme, wenn nicht der Gesellschaftsvertrag ein anderes festsetzt.

§. 11. Die eingetragene Genossenschaft kann unter ihrer Firma Rechte erwerben und Verbindlichkeiten eingehen, Eigenthum und andre dingliche Rechte an Grundstücken erwerben, vor Gericht klagen und verklagt werden.

Ihr ordentlicher Gerichtsstand ist bei dem Gerichte, in dessen Bezirk sie ihren Sitz hat.

Genossenschaften gelten als Kaufleute im Sinne des Allgemeinen Deutschen Handelsgesetzbuches, soweit dieses Gesetz keine abweichenden Vorschriften enthält.

§. 12. Insoweit die Genossenschaftsgläubiger aus dem Genossenschaftsvermögen nicht befriedigt werden können, haften ihnen alle Genossenschafter, ohne dass diesen die Einrede der Theilung zusteht, für die Ausfälle solidarisch und mit ihrem ganzen Vermögen. Diese Solidarhaft kann von einem Genossenschaftsgläubiger nur geltend gemacht werden, wenn im Falle des Konkurses die Voraussetzungen des §. 51. vorliegen, oder wenn die Eröffnung des Konkurses nicht erfolgen kann.

Wer in eine bestehende Genossenschaft eintritt, haftet gleich den anderen Genossenschaftern für alle von der Genossenschaft auch vor seinem Eintritte eingegangenen Verbindlichkeiten.

Ein entgegenstehender Vertrag ist gegen Dritte ohne rechtliche Wirkung.

Die einer Genossenschaft beigetretenen Frauenspersonon können in Betreff der dadurch eingegangenen Verpflichtungen auf die in den einzelnen Staaten geltenden Rechtswohlthaten der Frauen sich nicht berufen.

§. 13. Die Privatgläubiger eines Genossenschafters sind nicht befugt, die zum Genossenschaftsvermögen gehörigen Sachen, Forderungen oder Rechte, oder einen Antheil an denselben zum Behufe ihrer Befriedigung oder Sicherstellung in Anspruch zu nehmen. Gegenstand der Exekution, des Arrestes oder der Beschlagnahme kann für sie nur

dasjenige sein, was der Genossenschafter selbst an Zinsen und an Ge-
winnantheilen zu fordern berechtigt ist und was ihm im Falle der
Auflösung der Genossenschaft oder des Ausscheidens aus derselben bei
der Auseinandersetzung zukommt.

§. ·14. Die Bestimmung des vorigen Paragraphen gilt auch in
Betreff der Privatgläubiger, zu deren Gunsten eine Hypothek oder ein
Pfandrecht an dem Vermögen eines Genossenschafters kraft des Gesetzes
oder aus einem anderen Rechtsgrunde besteht. Ihre Hypothek oder ihr
Pfandrecht erstreckt sich nicht auf die zum Genossenschaftsvermögen
gehörigen Sachen, Forderungen und Rechte, oder auf einen Antheil an
denselben, sondern nur auf dasjenige, was in dem letzten Satze des
vorigen Paragraphen bezeichnet ist.

Jedoch werden die Rechte, welche an dem von einem Genossenschafter in das Vermögen der Genossenschaft eingebrachten Gegenstande bereits zur Zeit des Einbringens bestanden, durch die vorstehenden Bestimmungen nicht berührt.

§. 15. Eine Kompensation zwischen Forderungen der Genossenschaft und Privatforderungen des Genossenschaftsschuldners gegen einen
Genossenschafter findet während der Dauer der Genossenschaft weder
ganz noch theilweise statt. Nach Auflösung der Genossenschaft ist sie
zulässig, wenn und soweit die Genossenschaftsforderung dem Genossenschafter bei der Auseinandersetzung überwiesen ist.

§. 16. Hat ein Privatgläubiger eines Genossenschafters nach fruchtlos vollstreckter Exekution in dessen Privatvermögen die Exekution in
das demselben bei der demnächstigen Auseinandersetzung zukommende
Guthaben erwirkt, so ist er berechtigt, die Genossenschaft mag auf bestimmte oder unbestimmte Zeit eingegangen sein, Behufs seiner Befriedigung, nach vorher von ihm geschehener Aufkündigung, das Ausscheiden jenes Genossenschafters zu verlangen.

Die Aufkündigung muss mindestens sechs Monate vor Ablauf des
Geschäftsjahres der Genossenschaft geschehen.

Abschnitt III.

Von dem Vorstande, dem Aufsichtsrathe und der General-
versammlung.

§. 17. Jede Genossenschaft muss einen aus der Zahl der Genossenschafter zu wählenden Vorstand haben. Sie wird durch denselben gerichtlich und aussergerichtlich vertreten.

Der Vorstand kann aus einem oder mehreren Mitgliedern bestehen, diese können besoldet oder unbesoldet sein. Ihre Stellung ist zu jeder Zeit widerruflich, unbeschadet der Entschädigungsansprüche aus bestehenden Verträgen.

§. 18. Die jeweiligen Mitglieder des Vorstandes müssen alsbald nach ihrer Bestellung zur Eintragung in das Genossenschaftsregister angemeldet werden. Die Anmeldung ist durch den Vorstand unter Beifügung seiner Legitimation entweder in Person zu bewirken, oder in beglaubigter Form einzureichen. Zugleich haben die Mitglieder des Vorstandes ihre Unterschrift vor dem Handelsgerichte zu zeichnen oder die Zeichnung ebenfalls in beglaubigter Form einzureichen.

§. 19. Der Vorstand hat in der durch den Gesellschaftsvertrag bestimmten Form seine Willenserklärung kund zu geben und für die Genossenschaft zu zeichnen. Ist nichts darüber bestimmt, so ist die Zeichnung durch sämmtliche Mitglieder des Vorstandes erforderlich. Die Zeichnung geschieht in der Weise, dass die Zeichnenden zu der Firma der Genossenschaft oder zu der Benennung des Vorstandes ihre Unterschrift hinzufügen.

§. 20. Die Genossenschaft wird durch die vom Vorstande in ihrem Namen geschlossenen Rechtsgeschäfte berechtigt und verpflichtet. Es ist gleichgültig, ob das Geschäft ausdrücklich im Namen der Genossenschaft geschlossen worden ist, oder ob die Umstände ergeben, dass es nach dem Willen der Kontrahenten für die Genossenschaft geschlossen werden sollte.

Die Befugniss des Vorstandes zur Vertretung der Genossenschaft erstreckt sich auch auf diejenigen Geschäfte und Rechtshandlungen, für welche nach den Gesetzen eine Spezialvollmacht erforderlich ist. Zur Legitimation des Vorstandes bei allen, das Hypothekenbuch betreffenden Geschäften und Anträgen genügt ein Attest des Handelsgerichts, dass die darin zu bezeichnenden Personen als Mitglieder des Vorstandes in das Genossenschaftsregister eingetragen sind.

§. 21. Der Vorstand ist der Genossenschaft gegenüber verpflichtet, die Beschränkungen einzuhalten, welche in dem Gesellschaftsvertrage oder durch Beschlüsse der Generalversammlung für den Umfang seiner Befugniss, die Genossenschaft zu vertreten, festgesetzt sind. Gegen dritte Personen hat jedoch eine Beschränkung des Vorstandes, die Genossenschaft zu vertreten, keine rechtliche Wirkung. Dies gilt insbesondere für den Fall, dass die Vertretung sich nur auf gewisse Arten von Geschäften erstrecken oder nur unter gewissen Umständen oder für eine gewisse Zeit, oder an einzelnen Orten stattfinden soll, oder dass die Zustimmung der Generalversammlung, eines Aufsichtsrathes oder eines andern Organs der Genossenschafter für einzelne Geschäfte erfordert ist.

§. 22. Eide Namens der Genossenschaft werden durch den Vorstand geleistet.

§. 23. Jede ganze oder theilweise Aenderung im Personal des Vorstandes muss von dem ganz oder theilweise erneuten Vorstande gemeinschaftlich in Person oder in beglaubigter Form dem Handelsgerichte zur Eintragung in das Genossenschaftsregister und öffentlichen Bekanntmachung angemeldet und dabei wegen Einreichung der Legitimation und Zeichnung seitens der neu Eintretenden das in §. 18. Verordnete beobachtet werden.

Dasselbe gilt für den Fall, dass interimistische Stellvertreter eines oder mehrerer Vorstandsmitglieder gewählt werden.

Dritten Personen kann die Aenderung nur insofern entgegengesetzt werden, als in Betreff dieser Aenderung die in Artikel 46 des Allgemeinen Deutschen Handelsgesetzbuches in Betreff des Erlöschens der Prokura bezeichneten Voraussetzungen vorhanden sind.

§. 24. Zur Behändigung von Vorladungen und anderen Zustellungen an die Genossenschaft genügt es, wenn dieselbe an ein Mitglied des Vorstandes, welches zu zeichnen oder mitzuzeichnen befugt ist, geschieht.

§. 25. Der Vorstand ist gebunden, dem Handelsgerichte am Schlusse jedes Quartals über den Eintritt und Austritt von Genossenschaftern schriftlich Anzeige zu machen und alljährlich im Monat Januar ein vollständiges, alphabetisch geordnetes Verzeichniss der Genossenschafter einzureichen.

Das Handelsgericht berichtigt und vervollständigt danach die Liste der Genossenschafter.

§. 26. Der Vorstand ist verpflichtet, Sorge zu tragen, dass die erforderlichen Bücher der Genossenschaft geführt werden. Er muss spätestens in den ersten sechs Monaten jedes Geschäftsjahres eine Bilanz des verflossenen Geschäftsjahres, die Zahl der seit der vorjährigen Bekanntmachung aufgenommenen oder ausgeschiedenen, sowie die Zahl der zur Zeit der Genossenschaft angehörigen Genossenschafter veröffentlichen.

§. 27. Mitglieder des Vorstandes, welche in dieser ihrer Eigenschaft ausser den Grenzen ihres Auftrages oder den Vorschriften dieses

Gesetzes oder des Gesellschaftsvertrages entgegen handeln, haften persönlich und solidarisch für den dadurch entstandenen Schaden.

Sie haben, wenn ihre Handlungen auf andere, als die in dem gegenwärtigen Gesetze (§. 1.) erwähnten geschäftlichen Zwecke gerichtet sind, oder wenn sie in der Generalversammlung die Erörterung von Anträgen gestatten oder nicht hindern, welche auf öffentliche Angelegenheiten gerichtet sind, deren Erörterung unter die Landesgesetze über das Versammlungs- und Vereinsrecht fällt, eine Geldbusse bis zu 200 Thalern verwirkt.

§. 28. Der Gesellschaftsvertrag kann dem Vorstande einen Aufsichtsrath (Verwaltungsrath, Ausschuss) an die Seite setzen, welcher von den Genossenschaftern aus ihrer Mitte, jedoch mit Ausschluss der Vorstandsmitglieder, gewählt wird.

Ist ein Aufsichtsrath bestellt, so überwacht derselbe die Geschäftsführung der Genossenschaft in allen Zweigen der Verwaltung. Er kann sich von dem Gange der Angelegenheiten der Genossenschaft unterrichten, die Bücher und Schriften derselben jederzeit einsehen, den Bestand der Genossenschaftskasse untersuchen und Generalversammlungen berufen. Er kann, sobald es ihm nothwendig erscheint, Vorstandsmitglieder und Beamte vorläufig, und zwar bis zur Entscheidung der demnächst zu berufenden Generalversammlung, von ihren Befugnissen entbinden und wegen einstweiliger Fortführung der Geschäfte die nöthigen Anstalten treffen.

Er hat die Jahresrechnungen, die Bilanzen und die Vorschläge zur Gewinnvertheilung zu prüfen und darüber alljährlich der Generalversammlung Bericht zu erstatten.

Er hat eine Generalversammlung zu berufen, wenn dies im Interesse der Genossenschaft erforderlich ist.

§. 29. Der Aufsichtsrath ist ermächtigt, gegen die Vorstandsmitglieder die Prozesse zu führen, welche die Generalversammlung beschliesst, und die Genossenschaft bei Abschliessung von Verträgen mit dem Vorstande zu vertreten. Wegen der Form der Legitimationsführung hat der Gesellschaftsvertrag das Erforderliche zu bestimmen.

Wenn die Genossenschaft gegen die Mitglieder des Aufsichtsrathes einen Prozess zu führen hat, so wird sie durch Bevollmächtigte vertreten, welche in der Generalversammlung gewählt werden. Jeder Genossenschafter ist befugt, als Intervenient in einen solchen Prozess auf seine Kosten einzutreten.

§. 30. Der Betrieb von Geschäften der Genossenschaft, sowie die

Vertretung der Genossenschaft in Beziehung auf diese Geschäftsführung, kann auch sonstigen Bevollmächtigten oder Beamten der Genossenschaft zugewiesen werden. In diesem Falle bestimmt sich die Befugniss derselben nach der ihnen ertheilten Vollmacht, sie erstreckt sich im Zweifel auf alle Rechtshandlungen, welche die Ausführung derartiger Geschäfte gewöhnlich mit sich bringt. .

§. 31. Die Generalversammlung der Genossenschafter wird durch den Vorstand berufen, soweit nicht nach dem Gesellschaftsvertrage oder diesem Gesetze auch andere Personen dazu befugt sind.

Eine Generalversammlung der Genossenschafter ist ausser den im Gesellschaftsvertrage ausdrücklich bestimmten Fällen zu berufen, wenn dies im Interesse der Genossenschaft erforderlich erscheint.

Die Generalversammlung muss sofort berufen werden, wenn mindestens der zehnte Theil der Genossenschafter in einer von ihnen zu unterzeichnenden Eingabe an den Vorstand unter Anführung des Zweckes und der Gründe darauf anträgt. Ist in dem Gesellschaftsvertrage das Recht der Berufung einer Generalversammlung einem grösseren oder geringerem Theile der Genossenschafter beigelegt, so hat es hierbei sein Bewenden.

§. 32. Die Berufung der Generalversammlung hat in der durch den Gesellschaftsvertrag bestimmten Weise zu erfolgen.

Der Zweck der Generalversammlung muss jederzeit bei der Berufung bekannt gemacht werden. Ueber Gegenstände, deren Verhandlung nicht in dieser Weise angekündigt ist, können Beschlüsse nicht gefasst werden; jedoch sind*) die Beschlüsse über Leitung der Versammlung, sowie über Anträge auf Berufung einer ausserordentlichen Generalversammlung ausgenommen.

Zur Stellung von Anträgen und zu Verhandlungen ohne Beschlussfassung bedarf es der Ankündigung nicht.

§. 33. Der Vorstand ist zur Beobachtung und Ausführung aller Bestimmungen des Gesellschaftsvertrages und der in Gemässheit desselben von der Generalversammlung gültig gefassten Beschlüsse verpflichtet und dafür der Genossenschaft verantwortlich.

Die Beschlüsse der Generalversammlung sind in ein Protokollbuch einzutragen, dessen Einsicht jedem Genossenschafter und der Staatsbehörde gestattet werden muss.

---

*) Im officiellen Text des Gesetzes fehlt das Wort „sind."

Abschnitt IV.

Von der Auflösung der Genossenschaft und dem Ausscheiden einzelner Genossenschafter.

§. 34. Die Genossenschaft wird aufgelöst:

1) durch Ablauf der im Gesellschaftsvertrage bestimmten Zeit;
2) durch einen Beschluss der Genossenschaft;
3) durch Eröffnung des Konkurses (Falliments).

§. 35. Wenn eine Genossenschaft sich gesetzwidriger Handlungen oder Unterlassungen schuldig macht, durch welche das Gemeinwohl gefährdet wird, oder wenn sie andere, als die im gegenwärtigen Gesetze (§. 1.) bezeichneten geschäftlichen Zwecke verfolgt, so kann sie aufgelöst werden, ohne dass desshalb ein Anspruch auf Entschädigung stattfindet.

Die Auflösung kann in diesem Falle nur durch gerichtliches Erkenntniss auf Betreiben der höheren Verwaltungsbehörde erfolgen. Als das zuständige Gericht ist dasjenige anzusehen, bei welchem die Genossenschaft ihren ordentlichen Gerichtsstand hat.

Das Erkenntniss ist von dem zuständigen Gerichte demjenigen Gerichte, welches das Genossenschaftsregister führt, zur Eintragung und Veröffentlichung nach §. 36. mitzutheilen.

§. 36. Die Auflösung der Genossenschaft muss, wenn sie nicht eine Folge des eröffneten Konkurses ist, durch den Vorstand zur Eintragung in das Genossenschaftsregister angemeldet werden; sie muss zu drei verschiedenen Malen durch die für die Bekanntmachungen der Genossenschaft bestimmten Blätter bekannt gemacht werden.

Durch die Bekanntmachung müssen die Gläubiger zugleich aufgefordert werden, sich bei dem Vorstand der Genossenschaft zu melden.

§. 37. Die Konkurseröffnung ist vom Konkursgerichte von Amtswegen in das Genossenschaftsregister einzutragen. Die Bekanntmachung der Eintragung durch eine Anzeige in dem im §. 4. Nr. 6. bestimmten Blättern unterbleibt. Wenn das Genossenschaftsregister nicht bei dem Konkursgerichte geführt wird, so ist die Konkurseröffnung von Seiten des Konkursgerichtes dem Handelsgerichte, bei welchen das Register geführt wird, zur Bewirkung der Eintragung unverzüglich anzuzeigen.

§. 38. Jeder Genossenschafter hat das Recht, aus der Genossenschaft auszutreten, auch wenn der Gesellschaftsvertrag auf bestimmte Zeit geschlossen ist.

Ist über die Kündigungsfrist und den Zeitpunkt des Austritts im Gesellschaftsvertrage nichts festgesetzt, so findet der Austritt nur mit dem Schluss des Geschäftsjahres nach vorheriger, mindestens vierwöchentlicher Aufkündigung statt. Ferner erlischt die Mitgliedschaft durch den Tod, sofern der Gesellschaftsvertrag keine entgegengesetzten Bestimmungen enthält.

In jedem Falle kann die Genossenschaft einen Genossenschafter aus den im Gesellschaftvertrage festgesetzten Gründen, sowie wegen des Verlustes der bürgerlichen Ehrenrechte, ausschliessen.

§. 39. Die aus der Genossenschaft ausgetretenen oder ausgeschlossenen Genossenschafter, sowie die Erben verstorbener Genossenschafter bleiben den Gläubigern der Genossenschaft für alle bis zu ihrem Ausscheiden von der Genossenschaft eingegangenen Verbindlichkeiten bis zum Ablauf der Verjährung (§. 63.) verhaftet.

Wenn der Gesellschaftsvertrag nichts anderes bestimmt, haben sie an den Reservefonds und an das sonst vorhandene Vermögen der Genossenschaft keinen Anspruch, sind vielmehr nur berechtigt zu verlangen, dass ihnen ihr Geschäftsantheil, wie er sich aus den Büchern ergiebt, binnen drei Monaten nach ihrem Ausscheiden ausgezahlt werde.

Gegen diese Verpflichtung kann sich die Genossenschaft nur dadurch schützen, dass sie ihre Auflösung beschliesst und zur Liquidation schreitet.

Abschnitt V.
Von der Liquidation der Genossensohaft.

§. 40. Nach Auflösung der Genossenschaft ausser dem Falle des Konkurses erfolgt die Liquidation durch den Vorstand, wenn nicht dieselbe durch den Gesellschaftsvertrag oder einen Beschluss der Genossenschaft an andere Personen übertragen wird. Die Bestellung der Liquidatoren ist jederzeit widerruflich.

§. 41. Die Liquidatoren sind von dem Vorstande beim Handelsgerichte zur Eintragung in das Genossenschaftsregister anzumelden; sie haben ihre Unterschrift persönlich vor dieser Behörde zu zeichnen oder die Zeichnungen in beglaubigter Form einzureichen.

Das Austreten eines Liquidators oder das Erlöschen der Vollmacht

eines solchen ist gleichfalls zur Eintragung in das Genossenschaftsregister anzumelden.

§. 42. Dritten Personen kann die Ernennung von Liquidatoren,
sowie das Austreten eines Liquidators oder das Erlöschen der Vollmacht eines solchen nur insofern entgegengesetzt werden, als hinsichtlich dieser Thatsachen die Voraussetzungen vorhanden sind, unter
welchen nach Artikel 25. und 46. des Allgemeinen Deutschen Handelsgesetzbuches hinsichtlich einer Aenderung der Inhaber einer Firma
oder des Erlöschens einer Procura die Wirkung gegen Dritte eintritt.

Sind mehrere Liquidatoren vorhanden, so können sie die zur Liquidation gehörenden Handlungen mit rechtlicher Wirkung nur in Gemein-
schaft vornehmen, sofern nicht ausdrücklich bestimmt ist, dass sie
einzeln handeln können.

§. 43. Die Liquidatoren haben die laufenden Geschäfte zu be-
endigen, die Verpflichtungen der aufgelösten Genossenschaft zu erfüllen,
die Forderungen derselben einzuziehen und das Vermögen der Genossenschaft zu versilbern; sie haben die Genossenschaft gerichtlich und
aussergerichtlich zu vertreten, sie können für dieselbe Vergleiche
schliessen und Compromisse eingehen. Zur Beendigung schwebender
Geschäfte können die Liquidatoren auch neue Geschäfte eingehen.

Die Veräusserung unbeweglicher Sachen kann durch die Liquidatoren, sofern nicht der Gesellschaftvertrag oder ein Beschluss der
Genossenschaft anders bestimmt, nur durch öffentliche Versteigerung
bewirkt werden.

§. 44. Eine Beschränkung des Umfanges der Geschäftsbefugnisse
der Liquidatoren (§. 42) hat gegen dritte Personen keine rechtliche
Wirkung.

§. 45. Die Liquidatoren haben ihre Unterschriften in der Weise
abzugeben, dass sie der bisherigen, nunmehr als Liquidations-Firma
zu bezeichnenden Firma ihren Namen beifügen.

§. 46. Die Liquidatoren haben der Genossenschaft gegenüber bei
der Geschäftsführung den von der Generalversammlung gefassten Beschlüssen Folge zu geben, widrigenfalls sie der Genossenschaft für den
durch ihr Zuwiderhandeln erwachsenen Schaden persönlich und solidarisch haften.

§. 47. Die bei Auflösung der Genossenschaft vorhandenen und
die während der Liquidation eingehenden Gelder werden wie folgt
verwendet:

a) es werden zunächst die Gläubiger der Genossenschaft je nach

der Fälligkeit ihrer Forderungen befriedigt und die zur
Deckung noch nicht fälliger Forderung nöthigen Summen zu-
rückbehalten;

b) aus den alsdann verbleibenden Ueberschüssen werden die
Geschäftsantheile an die Genossenschafter zurückgezahlt.
Reicht der Bestand zur vollständigen Deckung nicht aus, so
erfolgt die Vertheilung desselben nach Verhältniss der Höhe
der einzelnen Guthaben, wenn der Gesellschaftsvertrag nicht
anders bestimmt;

c) aus dem nach Deckung der Schulden der Genossenschaft,
sowie der Geschäftsantheile der Genossenschafter (§. 39.)
noch verbleibenden Bestand wird zunächst der Gewinn des
letzten Rechnungsjahres an die Genossenschafter nach den
Bestimmungen des Gesellschaftsvertrages gezahlt. Die Vertheilung weiterer Ueberschüsse unter die Genossenschafter erfolgt in Ermangelung anderer Vertragsbestimmungen nach
Köpfen.

§. 48. Die Liquidatoren haben sofort beim Beginn der Liquidation
eine Bilanz aufzustellen. Ergiebt diese oder eine spätere aufgestellte
Bilanz, dass das Vermögen der Genossenschaft (einschliesslich des Reservefonds und der Geschäftsantheile der Genossenschafter zur Deckung
der Schulden der Genossenschaft nicht hinreicht, so haben die Liquidatoren bei eigener Verantwortlichkeit sofort eine General-Versammlung
zu berufen und hierauf, sofern nicht Genossenschafter binnen acht Tagen
nach der abgehaltenen Generalversammlung den zur Deckung des Ausfalles erforderlichen Betrag baar einzahlen, bei dem Handesgerichte
die Eröffnung des Konkurses (Falliments) über das Vermögen der Genossenschaft zu beantragen.

§. 49. Ungeachtet der Auflösung der Genossenschaft kommen bis
zur Beendigung der Liquidation im Uebrigen in Bezug auf die Rechtsverhältnisse der bisherigen Genossenschafter untereinander, sowie zu
dritten Personen, die Vorschriften des zweiten und dritten Abschnitts
dieses Gesetzes zur Anwendung, soweit sich aus den Bestimmungen
des gegenwärtigen Abschnitts und aus dem Wesen der Liquidation
nicht ein anderes ergiebt.

Der Gerichtsstand, welchen die Genossenschaft zur Zeit ihrer
Auflösung hatte, bleibt bis zur Beendigung der Liquidation für die
aufgelöste Genossenschaft bestehen. Zustellungen an die Genossenschaft geschehen mit rechtlicher Wirkung an einen der Liquidatoren.

§. 50. Nach Beendigung der Liquidation werden die Bücher und
Schriften der aufgelösten Genossenschaft einem der gewesenen Genossenschafter oder einem Dritten in Verwahrung gegeben. Der Genossenschafter oder der Dritte wird in Ermangelung einer gütigen
Uebereinkunft durch das Handelsgericht bestimmt.

Die Genossenschafter und deren Rechtsnachfolger behalten das
Recht auf Einsicht und Benutzung der Bücher und Papiere.

§. 51. Ueber das Vermögen der Genossenschaft wird auch ausser
dem Falle des §. 48. der Konkurs (Falliment) eröffnet, sobald sie ihre
Zahlungen vor oder nach ihrer Auflösung eingestellt hat. Das Verfahren
dabei bestimmen die Landesgesetze

Die Verpflichtung zur Anzeige der Zahlungseinstellung liegt dem
Vorstande der Genossenschaft und, wenn die Zahlungseinstellung nach
Auflösung der Genossenschaft eintritt, den Liquidatoren derselben ob.

Die Genossenschaft wird durch den Vorstand beziehungsweise die
Liquidatoren vertreten. Dieselben sind persönlich zu erscheinen und
Auskunft zu ertheilen in allen Fällen verpflichtet, in welchen dies für
den Gemeinschuldner selbst vorgeschrieben ist. Dieselben sind berech-
tigt, gegen jede angemeldete Forderung, unabhängig von dem Vertreter
(Kurator, Verwalter) der Konkursmasse Widerspruch zu erheben. Dieser
Widerspruch hält die Feststellung der Forderung im Konkurse und
ihre Befriedigung aus der Konkursmasse nicht auf. Ein Zwangs-
Akkord (Konkordat) findet nicht statt.

Der Konkurs (Falliment) über das Genossenschaftsvermögen zieht
den Konkurs (Falliment) über das Privatvermögen der einzelnen Genossenschafter nicht nach sich.

Der Beschluss über Eröffnung des Konkurses (resp. die Erklärung
des Falliments) hat die Namen der solidarisch verhafteten Genossenschafter nicht zu erhalten. Sobald der Konkurs (Falliment) beendigt
ist, sind die Gläubiger berechtigt, wegen des Ausfalles an ihren Forderungen, jedoch nur, wenn solche bei dem Konkursverfahren (Falliment) angemeldet und verifizirt sind, einschliesslich Zinsen und Kosten,
die einzelnen, ihnen solidarisch haftenden Genossenschafter in Anspruch
zu nehmen.

Die Genossenschafter können, wenn sie wegen solcher Ausfälle
verklagt werden, nur gegen solche Forderungen Einwendungen machen,
bei welchen der oben erwähnte Widerspruch (Absatz 3.) von dem
Vorstande, beziehungsweise den Liquidatoren vor der Verification erhoben ist.

§. 52. Nachdem das Konkursverfahren (Falliment) so weit gediehen ist, dass der Schlussvertheilungsplan feststeht, liegt dem
Vorstande ob, eine Berechnung (Vertheilungsplan) anzufertigen, aus
welcher sich ergiebt, wie viel jeder Genossenschafter zur Befriedigung
der Gläubiger wegen der im Konkurs erlittenen Ausfälle beizutragen
habe.

Wird die Zahlung der Beiträge verweigert oder verzögert, so ist
der Vertheilungsplan von dem Vorstande dem Konkursgericht mit dem
Antrage einzureichen: den Vertheilungsplan für vollstreckbar zu erklären. Dem Antrag ist eine Abschrift oder ein Abdruck des Gesellschaftsvertrages und ein Verzeichniss der Ausfälle der Gläubiger, sowie der
nach dem Plane zu einem Beitrage verpflichteten Genossenschafter
beizufügen.

§. 53. Bevor das Gericht über den Antrag Beschluss fasst, sind
die Genossenschafter mit ihren etwanigen Erinnerungen gegen den
Plan in einem Termin zu hören. Mit Abhaltung des Termins wird,
wenn das Konkursgericht ein Kollegialgericht ist, ein Mitglied des
letzteren (Richterkommissar) beauftragt. Bei der Vorladung der Genossenschafter ist eine Mittheilung des Planes nicht erforderlich; es
genügt, dass derselbe drei Tage vor dem Termine zur Einsicht der
Genossenschafter bei dem Gerichte offen liegt, und dass dies denselben
bei der Vorladung angezeigt wird. Von dem Termine ist auch der
Vorstand in Kenntniss zu setzen. Die nochmalige Vorladung eines
Betheiligten, welcher in dem Termine nicht erscheint, ist nicht erforderlich. Werden Erinnerungen erhoben, so ist das betreffende Sach-
und Rechtsverhältniss in dem Termine thunlichst insoweit aufzuklären,
als zur vorläufigen Beurtheilung der Erheblichkeit der Erinnerungen
erforderlich ist.

§. 54. Nach Abschluss des im §. 53. bezeichneten Verfahrens
unterzieht das Gericht auf Grundlage der beigebrachten Schriftstücke
und der von dem Richter aufgenommenen Verhandlungen den Vertheilungsplan einer näheren Prüfung, berichtigt den Plan, soweit nöthig,
und erlässt hierauf den Beschluss, durch welchen derselbe für vollstreckbar erklärt wird. Das Gericht kann vor Abfassung des Beschlusses
von dem Vorstande jede nähere Aufklärung und die Beibringung der
in dem Besitze derselben befindlichen, zur Erledigung von Zweifeln
dienenden Urkunden fordern.

Im Gebiete des Rheinischen Rechts wird der Beschluss in der
Rathskammer auf den Vortrag eines Berichterstatters gefasst.

Gegen den Beschluss ist ein Rechtsmittel nicht zulässig.

§. 55. Eine Ausfertigung des Planes, sowie des Beschlusses, durch welchen derselbe für vollstreckbar erklärt ist, wird dem Vorstande mitgetheilt.

Die Urschrift oder eine zweite Ausfertigung ist bei dem Gerichte zur Einsicht der Genossenschafter offen zu legen; sämmtliche Genossenschafter sind hiervon in Kenntniss zu setzen.

Der Vorstand ist befugt und im Falle der Weigerung oder Zögerung verpflichtet, die Beiträge, welche nach dem für vollstreckbar erklärten Vertheilungsplane von den einzelnen Genossenschaftern zu zahlen sind, im Wege der Exekution beitreiben zu lassen.

§. 56. Jeder Genossenschafter ist befugt, den Vertheilungsplan im Wege der Klage anzufechten; die Klage ist gegen die übrigen betheiligten Genossenschafter zu richten; diese werden in dem Prozesse von dem Vorstande vertreten. Für die Klage ist das Gericht zuständig, bei welchem die Genossenschaft ihren allgemeinen Gerichtsstand hatte (§. 11.) Durch die Anstellung der Klage und die Einleitung des Prozesses wird die Execution nicht gehemmt.

§. 57. Ist die Exekution gegen einzelne Genossenschafter fruchtlos, so hat der Vorstand den dadurch entstehenden Ausfall in einem anzufertigenden neuen Plane unter die übrigen Genossenschafter zu vertheilen. Das weitere Verfahren bestimmt sich nach den Vorschriften der §§. 52—56.

§. 58. Der Vorstand ist zur Erhebung der von den Genossenschaftern zu entrichtenden Beiträge berechtigt und zur bestimmungsmässigen Verwendung derselben verpflichtet.

§. 59. Wenn das Vermögen der Genossenschaft zur Befriedigung der Gläubiger sich als unzureichend erweist, ohne dass die Eröffnung des Konkurses erfolgen kann (§. 12.), so kommen in Ansehung der Einziehung der zur Deckung der Ausfälle erforderlichen Beträge die Bestimmungen der §§. 52—58. in entsprechender Weise mit der Massgabe zur Anwendung, dass an Stelle des Konkursgerichts das Gericht tritt, bei welchem die Genossenschaft ihren allgemeinen Gerichtsstand hatte.

§. 60. Wenn der Vorstand die ihm nach den §§. 52—59, obliegenden Verpflichtungen zu erfüllen ausser Stande ist oder deren Erfüllung versäumt, so kann das Gericht auf den Antrag eines betheiligten Genossenschafters einen oder mehrerer Genossenschafter oder auch andere Personen mit den Verrichtungen des Vorstandes beauftragen.

§. 61. Sind an die Stelle des Vorstandes Liquidatoren getreten, so gelten die Bestimmungen der §§ 52 - 60., insoweit sie den Vorstand betreffen, für die Liquidatoren.

§. 62. Durch das in den §§. 52—61. angeordnete Verfahren wird an dem Rechte der Genossenschaftsgläubiger, wegen der an ihren Forderungen erlittenen Ausfälle die Genossenschafter solidarisch in Anspruch zu nehmen nichts geändert.

Abschnitt VI.
Von der Verjährung der Klagen gegen die Genossenschafter.

§. 63. Die Klagen gegen einen Genossenschafter aus Ansprüchen gegen die Genossenschaft verjähren in zwei Jahren nach Auflösung der Genossenschaft oder nach seinem Ausscheiden oder seiner Ausschliessung aus derselben, sofern nicht nach Beschaffenheit der Forderung eine kürzere Verjährungsfrist gesetzlich eintritt.

Die Verjährung beginnt mit dem Tage, an welchem die Auflösung der Genossenschaft in das Genossenschaftsregister eingetragen oder das Ausscheiden, beziehungsweise die Ausschliessung des Genossenschafters dem Handelsgerichte angezeigt ist. Wird die Forderung erst nach diesem Zeitpunkte fällig, so beginnt die Verjährung mit dem Zeitpunkte der Fälligkeit. Bei kündbaren Forderungen tritt die Kündigungsfrist der Verjährungsfrist hinzu.

Ist noch ungetheiltes Genossenschaftsvermögen vorhanden, so kann dem Gläubiger die zweijährige Verjährung nicht entgegengesetzt werden, sofern er seine Befriedigung nur aus dem Genossenschaftsvermögen sucht.

§. 64. Die Verjährung zu Gunsten eines ausgeschiedenen oder ausgeschlossenen Genossenschafters wird nicht durch Rechtshandlungen gegen einen anderen Genossenschafter, wohl aber durch Rechtshandlungen gegen die fortbestehende Genossenschaft unterbrochen.

Die Verjährung zu Gunsten eines bei der Auflösung der Genossenschaft zu derselben gehörigen Genossenschafters wird nicht durch Rechtshandlungen gegen einen anderen Genossenschafter, wohl aber durch Rechtshandlungen gegen die Liquidatoren, beziehungsweise gegen die Konkursmasse unterbrochen.

§. 65. Die Verjährung läuft auch gegen Minderjährige und bevormundete Personen, sowie gegen juristische Personen, denen gesetzlich die Rechte der Minderjährigen zustehen, ohne Zulassung der Wiedereinsetzung in den vorigen Stand, jedoch mit Vorbehalt des Regresses gegen die Vormünder und Verwalter.

Schlussbestimmungen.

§. 66. Das Handelsgericht hat den Vorstand der Genossenschaft, beziehungsweise die Liquidatoren, zur Befolgung der in den §§. 4. 6. 18. 23. 25. 26. Absatz 2. §. 31. Absatz 3. §. 33. Absatz 2. §§. 36. 41. 48. 52—59. 61. enthaltenen Vorschriften von Amtswegen durch Ordnungsstrafen anzuhalten.

Das hierbei zu befolgende Verfahren ist von den Regierungen der einzelnen Bundesstaaten in den nach §. 72. zu erlassenden Ausführungs-Verordnungen zu bestimmen.

§. 67. Unrichtigkeiten in den nach den Vorschriften des gegenwärtigen Gesetzes dem Vorstande obliegenden Anzeigen oder sonstigen amtlichen Angaben werden gegen die Vorstandsmitglieder mit Geldbusse bis zu 20 Rthlr. geandet.

§. 68. Durch die im §. 67. enthaltene Bestimmung wird die Anwendung härterer Strafen nicht ausgeschlossen, wenn dieselben nach sonstigen Gesetzen durch die Handlung begründet werden.

§. 69. Die Eintragung in das Genossenschaftsregister erfolgt kostenfrei.

§. 70 Wo dieses Gesetz von dem Handelsgerichte spricht, tritt in Ermangelung eines besonderen Handelsgerichts das ordentliche Gericht an dessen Stelle.

§. 71. In dem Vermögensstande einer schon bestehenden Genossenschaft wird durch deren Eintragung in das Genossenschaftsregister nichts geändert.

Auf nicht eingetragene Genossenschaften kommen die Bestimmungen dieses Gesetzes nicht zur Anwendung.

§. 72. Die näheren Bestimmungen Behufs Ausführung dieses Gesetzes werden von den Regierungen der einzelnen Bundesstaaten im Verordnungswege erlassen.

§. 73. Das gegenwärtige Gesetz tritt mit dem 1. Januar 1869 in Kraft.

Urkundlich unter unserer Höcsteingenhändigen Unterschrift und beigedrucktem Bundes-Insiegel.

Gegeben Schloss Babelsberg, den 4. Juli 1868.

(L. S.)   **Wilhelm.**

Gr. v. Bismarck-Schönhausen.

2.

Das Sächsische Gesetz,

die

juristischen Personen betreffend. Vom 15. Juni 1868.

Wir *Johann*, von Gottes Gnaden König von Sachsen etc. haben über juristische Personen im Anschlusse an §§. 52. fg. des bürgerlichen Gesetzbuchs nähere Bestimmung zu treffen beschlossen und verordnen desshalb, mit Zustimmung Unserer getreuen Stände wie folgt:

§. 1. Gegenwärtiges Gesetz leidet Anwendung auf alle juristischen Personen mit Ausnahme der dem öffentlichen Rechte angehörigen oder durch besondere Gesetze bereits geregelten juristischen Personen, z. B. Gemeinden, Kreis und Provinzialstände, Berggewerkschaften, Innungen Unterstützungskassen, hinsichtlich deren eine gesetzliche Pflicht zu Beisteuern besteht. Für solche bleiben die darauf bezüglichen besonderen Vorschriften maassgebend.

Inwieweit gegenwärtiges Gesetz auf Handelsaktiengesellschaften anzuwenden ist, wird im §. 55. bestimmt.

§. 2. Die sogenannten Altgemeinden können, unbeschadet des Rechtes ihrer Mitglieder, unter den gesetzlichen Voraussetzungen auf Theilung der gemeinschaftlichen Grundstücke anzutragen, über Verwaltung und Veräusserung des gemeinschaftlichen Vermögens nach §. 55. des bürgerlichen Gesetzbuchs Beschluss fassen.

I. Von juristischen Personen im Allgemeinen.

§. 3. Jede juristische Person muss einen bestimmt bezeichneten Zweck haben.

§. 4. Juristische Personen haben ihren ordentlichen Gerichtsstand an dem Orte, an welchen sich der Sitz ihrer Verwaltung befindet.

§. 5. Ob ein Personenverein, eine Anstalt oder Vermögensmasse gegenwärtig bereits die juristische Persönlichkeit besitze, ist in jedem einzelnen Falle nach den bisher geltend gewesenen Grundsätzen zu beurtheilen.

§. 6. Von Beginn der Wirksamkeit des gegenwärtigen Gesetzes an erfolgt die nach §. 52. des bürgerlichen Gesetzbuchs erforderliche Staatsanerkennung folgendermaassen:

a) für Stiftungen und Anstalten, welche zu dauernden kirchlichen mildthätigen oder gemeinnützigen Zwecken selbstständig errichtet sind, genügt hierzu die Genehmigung der Stiftung oder Anstalt und ihres Zweckes durch die kompetente Verwaltungsbehörde.

Stiftungen und Anstalten oder Vermögensmassen, welche anderen Zwecken dienen, bedürfen der ausdrücklichen Anerkennung als juristische Personen seitens der gedachten Behörde.

b) Personenvereine (Genossenschaften) erlangen die juristische Persönlichkeit durch den Eintrag in das §. 70. vorgeschriebene Genossenschaftsregister.

§. 7. Werden für juristische Personen Ausnahmen von bestehenden Gesetzen in Anspruch genommen, so bedarf es hierzu der Genehmigung des kompetenten Ministeriums. Nach deren Ertheilung sind solche Ausnahmen im Gesetz- und Verordnungsblatte bekannt zu machen.

§. 8. Die Vertretung und Verwaltung von Stiftungen ist, wenn bei deren Begründung darüber keine Bestimmung getroffen worden ist, von der Behörde, welcher die Genehmigung oder Anerkennung zusteht, zu regeln.

§. 9. Juristische Personen der §. 6. unter a gedachten Art können soweit dies überhaupt statthaft ist, nur durch eine Verfügung der competenten Verwaltungsbehörde erlöschen.

II. Von Genossenschaften insbesondere.

A. Allgemeine Grundsätze.

§. 10. Personenvereine, welche die Rechte einer juristischen Person erlangen wollen (Genossenschaften) müssen ein schriftliches Statut errichten.

§. 11. Das Statut muss aussprechen, dass die Genossenschaft juristische Persönlichkeit haben soll, auch insbesondere angeben:

1. den Namen (oder die Firma), unter welchem die Genossenschaft die Rechte der juristischen Person ausüben will,
2. einen im Inlande gelegenen Sitz derselben,
3. den Zweck der Genossenschaft,
4. die Bedingungen für die Aufnahme und für das freiwillige Ausscheiden oder die Ausschliessung der Mitglieder,
5. die Dauer der Vereinigung, dafern eine solche im Voraus festgesetzt ist.

6. Bestimmung darüber, ob und welche Geldleistungen die Mitglieder für den Zweck der Genossenschaft übernehmen, insbesondere ob die Verpflichtung zu dergleichen Leistungen (Haftpflicht) im Voraus ihrem Umfange nach bestimmt (beschränkt), oder nach dem Bedarfe bemessen (unbeschränkt) sein soll,

7. Bestimmung darüber, ob der Vorstand aus einer oder mehreren Personen bestehen soll und wie er zu bestellen sei,

8. die der Beschlussfassung aller Mitglieder vorbehaltenen Gegenstände und die Art der Beschlussfassung selbst, insoweit solche von der Vorschrift im §. 55. des bürgerlichen Gesetzbuchs abweichen soll,

9. die Art der Zusammenberufung der Mitglieder, soweit eine solche stattfindet, und das denselben in dergleichen Versammlungen oder sonst zukommende Stimmrecht.

10. die Art, in welcher die in dem Statute vorgeschriebenen Bekanntmachungen zu erfolgen haben, und in Fällen, wo die Bekanntmachung durch öffentliche Blätter geschehen soll, die Angabe der letzteren,

11. bei Erwerbsgesellschaften die Vorschriften über Aufstellung und Prüfung der jährlichen Bilanz, Berechnung und Vertheilung des Gewinns, ingleichen über die Verwendung, beziehendlich Vertheilung des Vermögens im Falle der Auflösung, soweit hierüber nicht das Gesetz bereits Bestimmungen enthält (§. 25. Abs. 1., §§. 34, 45 und 46).

Die Mitglieder der Genossenschaft sind als solche nur der Letzteren, nicht Dritten gegenüber verpflichtet. Soll aber von denselben ausser ihrer Haftpflicht gegen die Genossenschaft (Nr. 6 oben) auch noch eine Verbindlichkeit zu direkter Haftung gegen die Gläubiger der Genossenschaft übernommen werden, so muss das Statut auch die nöthigen Bestimmungen über Umfang und Dauer der Haftpflicht, sowie über die Voraussetzungen ihres Eintritts enthalten.

§. 12. Der Name der Genossenschaft (§. 11., Nr. 1.) darf nicht Namen einzelner Personen enthalten, auch nicht zu Verwechselungen mit andern Genossenschaften oder Anstalten oder mit bestehenden Handelsfirmen Veranlassung geben.

§. 13. Der gemeinsame Zweck kann, soweit das Statut nicht

etwas Anderes bestimmt, nur durch Uebereinstimmung aller Mitglieder geändert werden.

§. 14. Durch das Statut kann auch eine von den gesetzlichen Vorschriften abweichende Form für die Legitimation der Genossenschaftsvertreter vorgeschrieben werden, ohne dass es dazu der §. 7. gedachten Genehmigung bedarf.

§. 15. Für Verbindlichkeiten, welche vor Zusammentritt der Genossenschaft oder vor Erlangung der juristischen Persönlichkeit für dieselbe in deren Namen von einzelnen Personen eingegangen worden sind, haben diese Personen, wenn nicht unter den Betheiligten etwas Anderes bestimmt worden, so lange als Selbstschuldner und Gesammtschuldner zu haften, bis die Genossenschaft, als juristische Person, die Haftung übernommen hat.

§. 16. Das Statut ist in gehörig vollzogenem Originale bei dem Gerichte (§. 4.) einzureichen und dort mindestens eine beglaubigte Abschrift zu Jedermanns Einsicht niederzulegen.

Das Gleiche gilt von allen Abänderungen des Statuts.

Ebenso hat jede Genossenschaft die Personen ihrer Vorstandsmitglieder und die bei denselben vorkommenden Veränderungen unter Beifügung der erforderlichen Legitimationen bei dem Gerichte anzuzeigen.

Genossenschaften, deren Zweck in gewerbmässiger Betreibung von Handelsgeschäften besteht, haben die Niederlegung ihres Statuts und die vorerwähnte Anzeige bei dem Handelsgerichte zu bewerkstelligen.

§. 17. Die Vertheilung eines Mehreren als des reinen Gewinns unter die Mitglieder ist nicht gestattet.

Zinsen von bestimmter Höhe dürfen für dieselben wegen der von ihnen gemachten Einlagen weder bedungen, noch ausgezahlt werden (vergl. aber §. 47.)

§. 18. Die Genossenschaft wird durch ihren Vorstand sowohl gegen die einzelnen Mitglieder, als gegen Dritte gerichtlich und aussergerichtlich vertreten.

Von dem Vorstande werden auch die der Genossenschaft obliegenden Eide geleistet.

Die Bestellung des Vorstands ist jederzeit widerruflich, unbeschadet der Entschädigungsverbindlichkeiten aus bestehenden Verträgen.

Die Handlungen der dem Gerichte angezeigten oder nach §. 14. legitimirten Vorstandsmitglieder bleiben gültig und für die Genossenschaft verbindlich, wenn sie auch später etwa die Ungültigkeit ihrer Wahl ergeben sollte.

§. 19. Genossenschaften können eine in den Personen des Vorstands vorgekommene Veränderung einem Dritten nur dann entgegensetzen, wenn dieselbe in das Genossenschaftsregister eingetragen (vgl. §§. 16 und 71) und bei Genossenschaften, welche die Legitimation ihres Vorstandes durch Bekanntmachung in öffentlichen Blättern bewirken (§. 11., Nr. 10.), überdiess die öffentliche Bekanntmachung statutenmässig erfolgt oder dem Dritten bei Abschluss des Geschäfts die Aenderung bekannt gewesen ist. Ist die Aenderung eingetragen und beziehendlich öffentlich bekannt gemacht worden, so muss jeder Dritte dieselbe gegen sich gelten lassen, sofern nicht durch die Umstände die Annahme begründet ist, dass er die Aenderung bei Abschluss des Geschäfts weder gekannt habe, noch habe kennen müssen.

§. 20. Der Vorstand ist der Genossenschaft gegenüber verpflichtet, die ihm durch das Statut oder durch Beschlüsse der Genossenschaft auferlegten Beschränkungen einzuhalten.

Gegen dritte Personen haben jedoch dergleichen Beschränkungen keine rechtliche Wirkung. Dies gilt insbesondere für den Fall, dass die Vertretung sich nur auf gewisse Geschäfte oder Arten von Geschäften erstrecken, oder nur unter gewissen Umständen oder für eine gewisse Zeit oder an einzelnen Orten stattfinden soll, oder dass die Zustimmung der Generalversammlung, eines Verwaltungsraths, eines Aufsichtsraths oder eines anderen Organs der Genossenschaft für einzelne Geschäfte erfordert ist.

§. 21. Wenn der Vorstand aus mehreren Mitgliedern besteht, so ist zu bindenden Erklärungen für die Genossenschaft, insoweit das Statut nicht etwas Anderes bestimmt, die Zustimmung sämmtlicher Mitglieder erforderlich.

Zur gültigen Behändigung an die Genossenschaft genügt die Behändigung an ein Vorstandsmitglied.

§. 22. Der Vorstand beruft und leitet die nach dem Statute stattfindenden Versammlungen der Mitglieder, soweit nicht statutarisch oder nach den Gesetzen noch andere Personen dazu ermächtigt sind.

Eine solche Versammlung muss auch dann zusammenberufen werden, wenn der zehnte Theil der Mitglieder; oder bei Aktiengesellschaften ein oder mehrere Mitglieder, welche mindestens den zehnten Theil des Gesellschaftskapital vertreten, darauf antragen. Das Statut kann diese Quote erhöhen und verringern, oder auch die Berufung einer Generalversammlung auf Antrag einer bestimmten Zahl von Mitgliedern vorschreiben.

§. 23. Die Gegenstände, über welche in einer Versammlung sämmtlicher Mitglieder (Generalversammlung) Beschluss gefasst werden soll, sind — insofern nicht das Statut hierunter besondere Beschränkungen enthält — bei der Zusammenberufung der Mitglieder mit anzuzeigen. Jedenfalls muss dies geschehen, wenn es sich um Aenderung des Statuts, Auflösung der Genossenschaft oder Beschlüsse der §. 53. gedachten Art handelt. Ohne diese Anzeige kann ein gültiger Beschluss nicht gefasst werden.

Auf blos formelle Beschlüsse, wie die Wahl von begutachtenden Ausschüssen, die Einberufung einer ausserordentlichen Versammlung, ingleichen auf Beschlüsse über Gegenstände, welche nach den Statuten von dem Vorstande oder anderen Genossenschaftsorganen erledigt werden können, leidet obige Vorschrift keine Anwendung.

§. 24. In Genossenschaften, bei welchen das Stimmrecht der Mitglieder nicht gleich, sondern nach Verhältniss ihres Einschusses zum Gesellschaftskapital oder nach der Höhe ihrer Versicherung u. s. w. verschieden ist, wird die §. 55. des bürgerlichen Gesetzbuchs zu Fassung gültiger Beschlüsse erforderte Hälfte nicht nach der Kopfzahl, sondern nach dem Gesellschaftskapitale u. s. w. berechnet.

§. 25 Der Vorstand hat Sorge zu tragen, dass über alle Beschlüsse der §. 11., Nr. 8., gedachten Art, sowie des Vorstandes selbst, dafern Letzterer aus mehreren Personen besteht, wahrheitsgetreue Niederschriften aufgenommen, auch die zur Uebersicht der Vermögenslage der Genossenschaft erforderlichen Bücher geführt werden. Er muss spätestens in den ersten sechs Monaten jedes Geschäftsjahrs die Rechnung des verflossenen Jahres vorlegen, doch kann diese Frist statutarisch auf ein Jahr verlängert werden.

Die für die Genossenschaft geführten Bücher genügen den Mitgliedern gegenüber zum Beweise einer der Genossenschaft obliegenden Verbindlichkeit, und die in Generalversammlungen aufgenommenen Protokolle haben, wenn sie von dem die Verhandlung leitenden Vorsitzenden und mindestens zwei anderen, bei den Beschlüssen mitwirkenden Personen nach dem Vorlesen unterschrieben sind, gegen die Genossenschaftsmitglieder volle Beweiskraft.

Sämmtliche Niederschriften und Bücher sind während zehn Jahren, vom Tage der Aufnahme, beziehendlich des letzten darin geschehenen Eintrags an gerechnet, aufzubewahren. Dasselbe gilt in Betreff der Geschäftsbriefe, Inventuren und Bilanzen.

§. 26. Sobald sich die Unfähigkeit einer Genossenschaft ihre

Schuldverbindlichkeiten ganz zu erfüllen, ergiebt, ist dem Gerichte
vom Vorstande Anzeige davon zu machen, auch jede Zahlung zu unterlassen.

§. 27. Der Vorstand hat darüber zu wachen, dass der statutarische
Zweck nicht überschritten wird, und ist, wenn gesetzwidrige Zwecke
verfolgt oder ohne die §. 72, Abs. 2 erforderte Genehmigung öffentliche Angelegenheiten zum Gegenstande der Berathung oder Beschlussfassung gemacht werden, mit einer Geldbusse bis zu zweihundert Thalern zu belegen.

Die Unterlassung der §. 26 vorgeschriebenen Anzeige zieht Ge-
fängnissstrafe bis zu drei Monaten nach sich. Uebersteigt die Gefäng-
nissstrafe nicht die Dauer von sechs Wochen, so kann statt derselben
auf Geldstrafen bis zu einhundert Thalern erkannt werden.

Jede Unterlassung anderer, dem Vorstande im gegenwärtigen
Gesetze vorgeschriebenen Anzeigen ist, ebenso wie jede falsche Anzeige,
ausser der etwa verwirkten Kriminalstrafe, mit einer Geldbusse bis zu
zwanzig Thalern zu ahnden.

Diese sämmtlichen ·Strafen sind von dem Gerichte zuzuerkennen.

Uebrigens werden, so oft der Vorstand gegen die Gesetze oder
gegen das Statut handelt, dessen Mitglieder dadurch, soweit nicht einzelne derselben den Beweis führen, dass ihnen dabei keine Verschul-
dung zur Last fällt, als Gesammtschuldner verpflichtet.

§. 28. Ist nach dem Statut ein Organ zur Ueberwachung des
Vorstands oder der Genossenschaftsverwaltung überhaupt (Aufsichtsrath, Ausschuss etc.) bestellt, so kann derselbe sich von dem Gange
der Angelegenheiten der Gesellschaft unterrichten, die Bücher und
Schriften derselben jederzeit einsehen und den Bestand der Gesellschaftskasse untersuchen. Ihm steht nicht nur gleich dem Vorstande das
Recht zu Berufung der Generalversammlung und zu Ernennung des
Vorsitzenden in Letzterer zu, sondern es ist dieses Aufsichtsorgan auch
ermächtigt, die Genossenschaft gegen den Vorstand gerichtlich und
aussergerichtlich zu vertreten, erforderlichen Falles den Letzteren bis
zur Entscheidung der Genossenschaft (§. 11, Nr. 8) zu suspendiren
und wegen einstweiliger Besorgung seiner Geschäfte das Nöthige zu
verfügen.

Hinsichtlich der Verantwortlichkeit der Aufsichtsorgane findet die
Bestimmung im §. 27, Abs. 5 Anwendung.

§. 29. Die juristische Persönlichkeit einer Genossenschaft erlischt ausser den im §. 56 des bürgerlichen Gesetzbuchs gedachten Fällen auch dann, wenn sämmtliche Mitglieder ausgeschieden sind.

§. 30. Die Auflösung von Genossenschaften findet statt:

a) nach Ablauf der im Statute bestimmten Zeit (§. 11, Nr. 5),

b) wenn die Genossenschaft dieselbe beschliesst,

c) wenn das Recht der juristischen Persönlichkeit erloschen ist.

§. 31. Jede Auflösung ist sofort dem §. 16 gedachten Gerichte anzuzeigen, auch nach erfolgtem Eintrage in das Genossenschaftsregister (vergl. §. 71) von dem Vorstande unverzüglich einmal im Amtsblatte des Gerichts und dreimal in der Leipziger Zeitung bekannt zu machen.

Durch diese Bekanntmachungen sind zugleich die Gläubiger aufzufordern, sich bei der Genossenschaft zu melden.

§. 32. Die aus den Büchern ersichtlichen oder in anderer Weise bekannten Gläubiger der Genossenschaft sind hierzu ausserdem durch besondere Erlasse aufzufordern. Unterlassen sie die Anmeldung, so ist der Betrag ihrer Forderungen gerichtlich niederzulegen.

Das Letztere muss auch in Ansehung der noch schwebenden Verbindlichkeiten und streitigen Forderungen geschehen, sofern nicht die Vertheilung des Genossenschaftsvermögens bis zu deren Erledigung ausgesetzt bleibt, oder den Gläubigern eine angemessene Sicherstellung gewährt wird.

§. 33. Die Bücher und §. 25 erforderten Niederschriften der aufgelösten Genossenschaft sind an einem in Mangel eines Beschlusses der Letzteren von dem kompetenten Gerichte (§. 16) zu bestimmenden sicheren Orte auf die Dauer von zehn Jahren aufzubewahren und steht den vormaligen Mitgliedern, sowie deren Rechtsnachfolgern, die Einsicht derselben frei.

§. 34. Die Vertheilung des Genossenschaftsvermögens darf in keinem Falle früher stattfinden, als nach Ablauf eines Jahres, von dem Tage an gerechnet, an welchem die §. 31 vorgeschriebene Bekanntmachung der Auflösung zum dritten Male abgedruckt worden ist.

Im Falle der Zuwiderhandlung sind die Mitglieder des Vorstandes und die sonstigen Genossenschaftsorgane nach Massgabe von §§. 27 und 28 als Gesammtschuldner zu Erstattung der geschehenen Zahlungen verpflichtet.

§. 35. Auf den Fall, wenn die Auflösung einer Genossenschaft mit der Eröffnung des Konkurses zu ihrem Vermögen verbunden ist, leiden die Vorschriften in §§. 31 bis 34 keine Anwendung. Es ist aber den Bestimmungen der Konkursgesetzgebung nachzugehen.

§. 36. Der für eine Genossenschaft begründete Gerichtsstand bleibt für dieselbe auch nach der Auflösung oder dem Erlöschen der juristischen Persönlichkeit bis zur Beendigung der Liquidation bestehen.

Ebenso bleiben die Vertreter einer Genossenschaft, wenn nicht durch die Statuten oder durch einen Genossenschaftsbeschluss etwas Anderes bestimmt ist, berechtigt und verpflichtet, die zur Liquidation erforderlichen Geschäfte zu erledigen und insoweit die bisherige juristische Person zu vertreten. Es können auch zu diesem Zwecke später noch Vorstandswahlen vorgenommen werden.

Werden mit der Liquidation besondere Personen (Liquidatoren) beauftragt, so leiden auf sie alle auf den Vorstand bezüglichen Vorschriften Anwendung.

§. 37. Die Vorstandsmitglieder oder sonstigen Liquidatoren sind auch nach dem Auflösungsbeschlusse und überhaupt während der Dauer der Liquidationsgeschäfte zu Erstattung der §. 26 vorgeschriebenen Anzeige gehalten.

§. 38. Auf Genossenschaften, welche ausschliesslich kirchliche, milde oder gemeinnützige Zwecke verfolgen, leiden die Vorschriften im §. 20, Abs. 2, §. 22, Abs. 2, §. 23, §. 25, Abs. 1 und 3, §§. 32 bis 34 keine Anwendung. Doch hat auch hier der Vorstand die zur Uebersicht der Vermögenslage erforderlichen Bücher zu führen und für treue Niederschrift der §. 11, Nr. 8 gedachten Beschlüsse zu sorgen.

B. Von den Genossenschaften mit beschränkter Haftpflicht.

AA. Von den Aktiengesellschaften.

§. 39. Soll die Haftpflicht der Genossenschaftsmitglieder (§. 11, Nr. 6) auf Leistung bestimmter Zuschüsse zu einem im Voraus bestimmten Geschäftskapitale beschränkt sein, so muss das Statut ausser dem §. 11 Bemerkten noch enthalten:

1. die Höhe des durch die Geldeinlagen der Mitglieder aufzubringenden Gesellschaftskapitals (Aktienkapitals),
2. die Höhe der einzelnen Geldeinlagen (Aktien oder Aktienantheile),
3. Bestimmungen darüber, ob die Urkunden über die Geldeinlagen auf die Namen der Mitglieder oder auf den Inhaber ausgestellt werden sollen, und
4. letzterenfalls die Vorschrift, dass die §. 11, Nr. 10 gedach-

ten Bekanntmachungen durch öffentliche Blätter zu erfolgen haben.

Zu Ausstellung von Aktien auf den Inhaber bedarf es keiner besonderen Genehmigung der Staatsregierung.

§. 40. Der Name einer Aktiengesellschaft muss in der Regel von dem Gegenstande ihrer Unternehmung entlehnt sein.

§. 41. Eine Aktie ist nur insoweit theilbar, als das Statut dies ausdrücklich gestattet. Eine Aktie oder Aktienantheil darf

a) wenn das Gesellschaftskapital die Summe von 100,000 Thlr. erreicht, auf keinen geringeren Betrag als

100 Thaler,

b) wenn das Gesellschaftskapital 25,000 Thlr. erreicht, auf keinen geringeren Betrag als

25 Thaler,

c) bei kleinerem Gesellschaftskapitale auf keinen geringeren Betrag als

10 Thaler

lauten.

Sollen Aktien unter dem Nennwerthe ausgegeben werden, so ist ein darauf abzielender Beschluss vor der Ausführung zum Eintrage in das Genossenschaftsregister anzumelden, auch in der Leipziger Zeitung und im Amtsblatte bekannt zu machen.

§. 42. Ist im Statute keine besondere Form, wie die Aufforderung zur Einzahlung des Aktienbetrags geschehen soll, bestimmt, so geschieht dieselbe in der Form, in welcher die Bekanntmachungen der Gesellschaft nach dem Statute überhaupt erfolgen müssen (§. 11, Nr. 10).

Jedoch kann, insoweit diese Bekanntmachungen nach §. 39, Nr. 4 durch öffentliche Blätter stattfinden, ein Aktionär in keinem Falle seines Rechtes aus der Aktienzeichnung und der geleisteten Theilzahlungen verlustig erklärt werden, wenn nicht die Aufforderung zur Zahlung mindestens dreimal in den hierzu bestimmten öffentlichen Blättern, das letzte Mal wenigstens vier Wochen vor dem für die Einzahlungen gesetzten Schlusstermine, bekannt gemacht worden ist. Wenn die Aktien auf Namen lauten und ohne Einwilligung der übrigen Aktionäre nicht übertragbar sind, so kann die Bekanntmachung dieser Aufforderungen durch besondere Erlasse an die einzelnen Aktionäre statt der Einrückungen in die öffentlichen Blätter erfolgen.

§. 43. Wenn die Aktien oder Aktienantheile auf Inhaber gestellt werden, so kommen folgende Grundsätze zur Anwendung:

1. Die Ausgabe der Aktien darf vor Einzahlung des ganzen Nominalbetrags derselben nicht erfolgen; ebensowenig dürfen über die geleisteten Partialzahlungen Promessen oder Interimsscheine, welche auf Inhaber lauten, ausgestellt werden.

2. Der Zeichner der Aktie ist für die Einzahlung von fünfundzwanzig Prozent des Nominalbetrags der Aktie unbedingt verhaftet; von dieser Verpflichtung kann derselbe weder durch Uebertragung seines Anrechts auf einen Dritten sich befreien, noch Seitens der Gesellschaft entbunden werden; wird der Zeichner der Aktie wegen verzögerter Einzahlung seines Anrechts aus der Zeichnung verlustig erklärt, so bleibt er demungeachtet zur Einzahlung von fünfundzwanzig Prozent des Nominalbetrags der Aktie verpflichtet.

3. Im Statut kann bestimmt werden, dass und unter welchen Massgaben nach erfolgter Einzahlung von fünfundzwanzig Prozent die Befreiung des Zeichners von der Haftung für weitere Einzahlungen zulässig sei und dass im Falle der eingetretenen Befreiung über die geleisteten Einzahlungen Promessen oder Interimsscheine, welche auf Inhaber lauten, ausgestellt werden dürfen. Auch hierzu bedarf es keiner besonderen Genehmigung der Staatsregierung.

§. 44. Wenn die Aktien auf Namen lauten, so können dieselben, insoweit nicht das Statut etwas Anderes bestimmt, beliebig und durch Indossament auf Andere übertragen werden. Es ist aber die Veräusserung der Genossenschaft nachzuweisen und sodann von Letzterer im Aktienbuche zu bemerken. Im Verhältnisse zur Genossenschaft werden nur die im Aktienbuche als Eigenthümer von Aktien eingetragenen Personen als solche angesehen. Zur Prüfung der Legitimation ist die Genossenschaft berechtigt, aber nicht verpflichtet.

So lange der Betrag der Aktie nicht vollständig eingezahlt ist, wird der Aktionär durch Uebertragung seines Anrechts auf einen Anderen von der Verbindlichkeit zur Zahlung des Rückstandes nur dann befreit, wenn die Gesellschaft den neuen Erwerber an seiner Stelle annimmt und ihn der Verbindlichkeit entlässt.

Auch in diesem Falle bleibt der austretende Aktionär auf Höhe des Rückstands für alle bis dahin von der Gesellschaft eingegangenen Verbindlichkeiten noch auf ein Jahr, vom Tage des Austritts an gerechnet, subsidiarisch verhaftet.

§. 45. Die Mitglieder können den eingezahlten Betrag niemals zurückfordern, haben vielmehr nur im Falle der Auflösung Anspruch auf einen verhältnissmässigen Antheil des zu vertheilenden Genossenschaftsvermögens.

§. 46. Der nach dem Statute zur Vertheilung kommende Gewinn ist im Mangel anderer Bestimmung unter die Mitglieder nach Verhältniss ihrer Aktien zu vertheilen. Das Gleiche gilt von der Vertheilung des Genossenschaftsvermögens im Falle der Auflösung.

§. 47. Von dem §. 17 enthaltenen Verbote kann durch das Statut eine Ausnahme insofern gemacht werden, als den Mitgliedern für einen bestimmten, der Vorbereitung des Unternehmens bis zu Anfang des vollen Betriebs entsprechenden Zeitraum Zinsen ihrer Einlagen von bestimmter Höhe zugesichert werden können.

§. 48. Der Aktionär ist in keinem Falle verpflichtet, die in gutem Glauben empfangenen Zinsen und Dividenden zurückzugeben.

§. 49. Jede Aktie gewährt bei den §. 11, Nr. 8 gedachten Beschlussfassungen eine Stimme, wenn nicht das Statut ein Anderes festsetzt.

§. 50. Ergiebt sich aus der letzten Bilanz, dass sich das Gesellschaftskapital um die Hälfte vermindert hat, so hat der Vorstand unverzüglich den Mitgliedern in einer Generalversammlung oder in der für deren Berufung, beziehendlich sonst zu Herbeiführung eines Beschlusses aller Mitglieder (vgl. §. 11, Nr. 8) im Statute vorgeschriebenen Weise davon Anzeige zu machen.

§. 51. Die §. 31 vorgeschriebene Bekanntmachung hat, ausser in den dort gedachten Zeitungen, auch drei Mal in den nach §. 39, Nr. 4 durch das Statut bestimmten öffentlichen Blättern zu erfolgen.

§. 52. Der Auflösung ist die Vereinigung einer Aktiengesellschaft mit einer anderen gleich zu achten, doch gilt für den Beschuss hierüber die Vorschrift im §. 13.

Im Uebrigen kommen hierbei folgende Bestimmungen zur Anwendung:

1. Das Vermögen der aufzulösenden Gesellschaft ist so lange getrennt zu verwalten, bis die Befriedigung oder Sicherstellung ihrer Gläubiger erfolgt ist.

2. Der bisherige Gerichtsstand der Gesellschaft bleibt für die Dauer der getrennten Vermögensverwaltung bestehen, dagegen wird die Verwaltung von der anderen Gesellschaft geführt.

3. Der Vorstand der letzteren Gesellschaft ist den Gläubigern für die Ausführung der getrennten Verwaltung persönlich und solidarisch verantwortlich.

4. Die öffentliche Aufforderung der Gläubiger der aufgelösten Gesellschaft kann unterlassen oder auf einen späteren Zeitpunkt verschoben werden. Jedoch ist die Vereinigung der Vermögen der beiden Gesellschaften erst in dem Zeitpunkte zulässig, in welchem eine Vertheilung des Vermögens einer aufgelösten Aktiengesellschaft unter die Aktionäre erfolgen darf.

§. 53. Auch eine blos theilweise Vertheilung des Gesellschaftsvermögens unter die Mitglieder kann nur unter Beobachtung der §§. 31, 32, 34 und 51 enthaltenen Vorschriften stattfinden.

§. 54. Auf Genossenschaften, welche ausschliesslich kirchliche, milde oder gemeinnützige Zwecke verfolgen, leiden die Bestimmungen §§. 40 bis 44, 46, 47, 50, 51, 53 keine Anwendung, selbst wenn die Einschüsse der Mitglieder im Voraus fest bestimmt sind und das Aufbringen eines vorher bestimmten Kapitals bezwecken.

§. 55. Zu Errichtung von Handels - Aktiengesellschaften und Handels - Kommanditgesellschaften auf Aktien bedarf es in Zukunft keiner staatlichen Genehmigung, wenn die von ihnen auszugebenden Aktien der Vorschrift im §. 41 entsprechen.

Uebrigens leiden auf sämmtliche Handels-Aktiengesellschaften und Handels-Kommanditgesellschaften auf Aktien die Bestimmungen im §. 7 und §. 39, Abs. 2 gleichfalls Anwendung.

BB. Von anderen Genossenschaften mit beschränkter Haftpflicht.

§. 56. Soll die Haftpflicht der Genossenschaftsmitglieder (§. 11, Nr. 6), ohne die Aufbringung eines bestimmten Gesellschaftskapitals zu bezwecken, dennoch auf die Leistung bestimmter einmaliger oder wiederkehrender Beiträge zu dem Gesellschaftszwecke beschränkt sein (wie z. B. bei den auf Gegenseitigkeit beruhenden Kapital-, Renten-, Kranken- oder sonstigen Versicherungskassen), so muss das Statut die Höhe der Beiträge oder die für deren Feststellung massgebenden Grundsätze enthalten.

§. 57. Genossenschaften dieser Art, wenn sie nicht ausschliesslich kirchliche, milde oder gemeinnützige Zwecke verfolgen oder von Anfang an auf bestimmte Personen beschränkt sind, haben die im Statute vorgeschriebenen Bekanntmachungen durch öffentliche Blätter zu bewirken, auch im Falle der Auflösung der Vorschrift im §. 51 nachzugehen.

§. 58. Ist nicht nur die Summe der Beiträge, sondern auch die

Zahl der Mitglieder im Voraus fest bestimmt, so ist die Genossenschaft, dafern sie nicht blos Versicherungsgeschäfte unter den Mitgliedern (auf Gegenseitigkeit) bezweckt, als Aktiengesellschaften zu behandeln und haben die §§. 39 fg. enthaltenen Vorschriften auch für sie analoge Anwendung.

§. 59. Versicherungsgesellschaften, welche auf Gegenseitigkeit der Mitglieder gegründet sind, können nur dann die Rechte einer juristischen Person erlangen, wenn die durch Sachverständige nach den Grundsätzen der Wahrscheinlichkeitsrechnung, soweit möglich, vorzunehmende Prüfung des Statuts kein erhebliches Bedenken dagegen ergiebt, dass die Genossenschaft die gegen ihre Mitglieder übernommenen Verpflichtungen werde erfüllen können. Ebenso darf das im Statute festgesetzte Verhältniss zwischen den Beiträgen der Versicherten und den Leistungen der Genossenschaft nur unter gleicher Voraussetzung geändert werden

§. 60. Für Begräbniss- oder Kranken-Unterstützungskassen der §. 59 gedachten Art kann durch das Statut bestimmt werden, dass die zu gewährenden Unterstützungen nicht mit Beschlag belegt, auch nicht vor der Verfallzeit an andere Personen abgetreten werden dürfen. Eine derartige Bestimmung bedarf nicht der §. 7 gedachten Genehmigung.

C. Von den Genossenschaften mit unbeschränkter Haftpflicht.

§. 61. Wenn die Mitglieder einer Genossenschaft zu der Gesellschaftskasse unbeschränkt so viel, als der Gesellschaftszweck erheischt, beizutragen verpflichtet sein sollen, ist in dem Statute zwar zu bestimmen, nach welchem Verhältnisse die Mitglieder zunächst Einschüsse zu leisten haben, es bleibt aber jedes Mitglied zu Deckung des ganzen von den übrigen etwa nicht erlangten Bedarfs verpflichtet.

§. 62. Bei auf Gegenseitigkeit beruhenden Versicherungsgesellschaften kann die Haftpflicht der Mitglieder nicht auf Deckung der den einzelnen Mitgliedern gegen die Genossenschaft zustehenden Ansprüche beschränkt sein, sondern erstreckt sich stets auf alle Verbindlichkeiten der Genossenschaft.

Eine dem zuwiderlaufende Bestimmung des Statuts ist ungültig.

§. 63. Den ohne Bestimmung einer Frist beigetretenen Mitgliedern kann im Statute der Austritt nach vorgängiger Kündigung gestattet werden.

§. 64. Dafern die Mitgliedschaft nicht von Anfang an auf bestimmte Personen beschränkt ist, hat die Genossenschaft die in ihrem Statute vorgeschriebenen Bekanntmachungen durch öffentliche Blätter zu bewirken und im Falle der Auflösung der Vorschrift im §. 51 nachzugehen.

§. 65. Genossenschaften mit unbeschränkter Haftpflicht haben dafür Sorge zu tragen, dass die Mitgliedschaft jedes einzelnen Genossen nachgewiesen werden kann, und die in ihrer Hand befindlichen Beweismittel den dabei Interessirten auf Verlangen vorzulegen.

§. 66. Dem Gerichte ist nicht nur mit dem Statute (§. 16), sondern auch, dafern Veränderungen vorgekommen sind, am Ende eines jeden Kalenderjahres ein genaues, alphabetisch geordnetes Verzeichniss der Mitglieder zu überreichen, ingleichen mindestens am Schlusse jedes Vierteljahrs eine gleiche Anzeige über die beigetretenen oder ausgeschiedenen Mitglieder zu erstatten. Bei Genossenschaften, deren Mitgliedschaft an das Eigenthum bestimmter Grundstücke geknüpft ist, genügt die Ueberreichung eines Verzeichnisses der letzteren und die Anzeige des etwa vorkommenden Abgangs oder Zuwachses.

Diese Verzeichnisse und Anzeigen ist Jeder einzusehen berechtigt.

§. 67. Ausgeschiedene Mitglieder, ingleichen die Erben verstorbener Mitglieder bleiben in Bezug auf alle der Genossenschaft zur Zeit des Ausscheidens eines solchen Mitgliedes obliegenden Verpflichtungen nach §. 61 haftbar.

Die Klagen aus dieser Haftpflicht verjähren aber in einem Jahre nach Schluss des Quartals, in welchem die Anzeige des Ausscheidens bei Gericht (§. 66) erfolgt ist. Ist zu dieser Zeit eine Forderung noch nicht klagbar, so ist die nur gedachte Jahrespflicht von Eintritt der Klagbarkeit, und wenn letztere noch eine Kündigung voraussetzt, von demjenigen Tage an zu berechnen, an welchem nach Bekanntmachung des Ausscheidens diese Kündigung möglich war und bei deren Erfolg die Klagbarkeit eingetreten sein würde.

Eine Einmischung in die Angelegenheiten der Genossenschaft steht dem ausgetretenen Mitgliede, ingleichen den Erben der gewesenen Mitglieder deshalb nicht zu, doch können sie Einsicht der Jahresrechnungen verlangen.

Ob und welcher Antheil vom Vermögen des Vereins, ingleichen von dem während der oben bemerkten Jahresfrist erwachsenen Geschäftsgewinne ihnen zukommen soll, ist im Statute zu bestimmen.

Wird binnen des gedachten Zeitraums die Liquidation der Genossenschaft nothwendig, oder von der Letzteren beschlossen, so dauert die bemerkte Haftpflicht bis zu Beendigung der Liquidation fort.

§. 68. Sobald die Auflösung beschlossen oder die Liquidation sonst nothwendig wird, ist keinem Mitgliede der Austritt mehr gestattet.

Dasselbe gilt, wenn für die Dauer der Vereinigung ein bestimmter Zeitraum festgesetzt ist (§. 11, Nr. 5), schon während des letzten Jahres dieser Frist.

§. 69. Auf Versicherungsgesellschaften, welche auf Gegenseitigkeit beruhen, leiden die §§. 66 bis 68 keine Anwendung. Auch kann im Statute den auf bestimmte Zeitfrist beigetretenen Mitgliedern dennoch der Austritt gestattet werden.

Dagegen gelten die Bestimmungen in §§. 59 und 60 auch für Versicherungsgesellschaften mit unbeschränkter Haftpflicht.

III. Von dem Verfahren der Behörden.

§. 70. Bei jedem Gerichte (§. 16) ist ein Genossenschaftsregister zu halten, dessen Einsicht Jedem freisteht. Bei den Handelsgerichten ist dasselbe mit dem Handelsregister zu verbinden.

§. 71. In dieses Register sind nach Einreichung des Statuts (§. 16) der Name der Genossenschaft und deren Statut, sowie spätere Aenderungen des letzteren, ingleichen die legitimirten Mitglieder des Vorstands, ferner die Auflösung der Genossenschaft (§. 31) und die von derselben nach §. 41, Abs. 2 gefassten Beschlüsse, endlich der Beschluss, auf die juristische Persönlichkeit zu verzichten, einzutragen.

Durch diesen Eintrag erhält der zuletzt gedachte Beschluss die §. 56 des bürgerlichen Gesetzbuchs erforderte Genehmigung.

Abänderungen des Statuts erlangen gegen Nichtmitglieder erst mit dem Eintrage rechtliche Wirkung.

§. 72. Vor dem Eintrage hat das Gericht zu prüfen, ob das Statut oder die Statutenänderungen dem gegenwärtigen Gesetz entsprechen und nichts Gesetzwidriges enthalten, nicht minder, ob die einzutragenden Beschlüsse in gültiger Weise gefasst worden sind.

Personenvereine, deren Zweck sich auf öffentliche Angelegenheiten bezieht, dürfen nur dann in das Genossenschaftsregister eingetragen werden, wenn das Ministerium des Innern hierzu ausdrücklich seine Genehmigung ertheilt hat. Das Gleiche gilt von späteren Abänderungen der Statuten solcher Vereine.

§. 73. Dem Ermessen des Gerichts bleibt es überlassen, für das Statut und Statutenänderungen gerichtliche oder notarielle Beurkundung zu verlangen. Zum Beitritte der einzelnen Mitglieder genügt jede rechtsverbindliche Erklärung (s. aber §. 65).

§. 74. Nach dem Eintrage einer neu errichteten Genossenschaft ist auf deren Kosten im Amtsblatte und in der Leipziger Zeitung bekannt zu machen, dass die Genossenschaft als juristische Person eingetragen worden ist.

§. 75. Das Gericht kann juristische Personen und deren Vertreter zu Befolgung der ihnen obliegenden Verpflichtungen durch Ordnungsstrafen bis zum Betrage von 50 Thalern, welche im Falle des Ungehorsams angemessen zu erhöhen sind, anhalten.

Dasselbe ist berechtigt, die bei der Genossenschaft nach §. 25 in Verbindung mit §. 11, Nr. 8 aufgenommenen Niederschriften jederzeit einzusehen.

§. 76. Wenn und so lange eine juristische Person keine gehörig legitimirten Vertreter haben sollte, kann das §. 16 gedachte Gericht solche auf Kosten der Ersteren bestellen. Es ist jedoch diessfalls stets auf baldthunliche Herstellung der statutenmässigen Vertretung hinzuwirken.

§. 77. Der Vorstand einer Genossenschaft hat, wenn es das Gericht anordnet, eine Genossenschaftsversammlung zu berufen.

Ist kein Vorstand vorhanden oder kommt Letzterer der Anordnung nicht sofort nach, so kann das Gericht auf Kosten der Genossenschaft selbst die Generalversammlung zusammenberufen und mit dem Vorsitze in derselben ein geeignetes Mitglied der Genossenschaft, oder, wenn ein solches nicht sofort zu erlangen, einen Beamten oder Notar beauftragen.

§ 78. Die Entziehung des Rechtes der Persönlichkeit kann durch das Gericht dann erfolgen, wenn

1) eine juristische Person ihre Wirksamkeit auf gesetzwidrige Zwecke oder, ohne die §. 72, Abs. 2 erforderte Genehmigung, auf öffentliche Angelegenheiten richtet,

2) wenn sich die Zahlungsunfähigkeit der juristischen Person ergiebt.

Hinsichtlich der Stiftungen bewendet es bei den Bestimmungen im §. 60 der Verfassungsurkunde.

§. 79. Gegen die vom Gerichte nach diesem Gesetze gefassten Entschliessungen kann eine Beschwerde zunächst an das Appellationsgericht, als Aufsichtsbehörde, gegen dessen Entschliessung weiter an das Ministerium der Justiz eingewendet werden.

§. 80. Jede Entziehung des Rechtes der Persönlichkeit ist auf Kosten der juristischen Person im Amtsblatte des §. 16 gedachten Gerichts, in der Leipziger Zeitung und in den durch das Statut etwa bestimmten anderen Blättern bekannt zu machen.

§. 81. Ist für den Fall der Auflösung einer Genossenschaft über die Vertheilung oder sonstige Verwendung ihres Vermögens statutarische Bestimmung getroffen, so ist derselben auch in den §. 78 unter 1 gedachten Fällen nachzugehen und, soweit nöthig, vom Gerichte auf Kosten der Genossenschaft das Erforderliche zu verfügen.

Schlussbestimmung.

§. 82. Auf die bei Erlass des gegenwärtigen Gesetzes bereits bestehenden juristischen Personen leidet in Bezug auf den von ihnen bereits geführten Namen §. 12 keine Anwendung, auch wird die Fortdauer ihrer juristischen Persönlichkeit nicht durch die Befolgung der über deren Erwerb in gegenwärtigem Gesetze enthalteneu Vorschriften bedingt, und treten für sie §. 18, Abs. 3, §. 20, Abs. 2, und §. 67 erst ein Jahr nach Beginn der Wirksamkeit des Gesetzes in Kraft.

Genossenschaften dieser Art haben die §. 16, Abs. 3, und §. 66 vorgeschriebenen Anzeigen zum ersten Male binnen vier Wochen nach Inkrafttreten dieses Gesetzes zu erstatten, auch in derselben Frist der Vorschrift im §. 16, Abs. 1 nachzukommen, und sind nach dessen Erfolg in das Genossenschaftsregister einzutragen.

Endlich bleiben Abweichungen von §. 4 und §. 11, Nr. 2, ebenso wie von den Vorschriften im §. 42, Satz 2, und §. 44 auf Grund eines vor Erlassung gegenwärtigen Gesetzes abgeschlossenen Gesellschaftsvertrags, selbst wenn die Genossenschaft erst später die juristische Persönlichkeit erlangt, so lange in Geltung, bis das Statut in dieser Beziehung geändert wird.

Insoweit in Statuten, welche vor Erlassung dieses Gesetzes errichtet sind, zu Abänderung derselben oder zur Auflösung der Genossenschaft die ausdrückliche Genehmigung der Staatsregierung erfordert wird, ist dennoch auch in dieser Beziehung nur den Vorschriften dieses Gesetzes nachzugehen. Es kann jedoch durch solche Statutenänderung eine der Genossenschaft etwa bewilligte und dem öffentlichen Rechte angehörige

Begünstigung z. B. die Ausgabe unzinsbarer Noten, Befreiung von der Stempelsteuer u. s. w., ohne ausdrückliche staatliche Genehmigung weder verlängert noch verändert werden.

Urkundlich haben Wir dieses Gesetz eigenhändig vollzogen und Unser Königliches Siegel beidrucken lassen.

Dresden, am 15. Juni 1868.

(L. S.) **Johann.**

D. Robert Schneider.

Herrmann von Nostitz-Wallwitz.

3.

Die Sächsische Verordnung

zu Ausführung des Gesetzes vom 15. Juni 1868, die juristischen Personen betreffend, und des Bundesgesetzes vom 4. Juli 1868, betreffend die privatrechtliche Stellung der Erwerbs- und Wirthschaftsgenossenschaften; vom 23. Juli 1868.

Zu Ausführung des Gesetzes, die juristischen Personen betreffend, vom 15. Juni 1868 (Seite 315 fg. des Gesetz- und Verordnungsblattes von diesem Jahre), und des Bundesgesetzes, betreffend die privatrechtliche Stellung der Erwerbs- und Wirthschaftsgenossenschaften, vom 4. Juli 1868 (Seite 415 fg. des Bundesgesetzblattes des norddeutschen Bundes Nr. 24 von diesem Jahre) wird im Einverständnisse der übrigen betheiligten Ministerien mit Allerhöchster Genehmigung verordnet, was folgt:

A.

Zu dem Gesetze vom 15. Juni 1868.

Zu §. 6 des Gesetzes:

§. 1. Die Verwaltungsbehörde, welcher nach §. 6 unter a des Gesetzes die Genehmigung einer Stiftung oder Anstalt und ihres Zweckes, sowie die Anerkennung von Stiftungen und Anstalten oder Vermögensmassen als juristische Personen zusteht, ist dasjenige Ministerium, zu dessen Geschäftskreise die Angelegenheiten der betreffenden Stiftung, Anstalt oder Vermögensmasse ihrem Zwecke nach gehören.

Zu §. 7 des Gesetzes:

§. 2. Die Genehmigung zu den für juristische Personen in Anspruch genommenen Ausnahmen von bestehenden Gesetzen ist von demjenigen Ministerium zu ertheilen, zu dessen Geschäftskreise die durch das von den Ausnahmen betroffene Gesetz geregelten Angelegenheiten gehören.

Zu §. 9 des Gesetzes:

§. 3. Die zur Verfügung des Erlöschens einer juristischen Person der §. 6 des Gesetzes unter a gedachten Art zuständige Verwaltungsbehörde ist dasjenige Ministerium, welches die daselbst gedachte Genehmigung oder Anerkennung ausgesprochen hat.

Zu §. 66 des Gesetzes:

§. 4. Die nach §. 66 des Gesetzes bei Gericht einzureichenden Mitgliederverzeichnisse und Anzeigen über beigetretene und ausgeschiedene Mitglieder sind zu den Genossenschaftsakten zu nehmen.

Ein jedes eingereichte Mitgliederverzeichniss ist bis zur nächsten Einreichung eines solchen bei jeder in der Zwischenzeit eingehenden Anzeige über den Beitritt oder den Austritt von Mitgliedern durch die Veränderung anzeigende, mit rother Dinte zu bewirkende Zusätze vom Gerichte zu vervollständigen.

Diese Zusätze sind, soweit sie das Ausscheiden von Mitgliedern betreffen, an den Rand des Mitgliederverzeichnisses unter Angabe des Tages des Ausscheidens und, insoweit sie den Beitritt von neuen Mitgliedern betreffen, an das Ende des Verzeichnisses zu bringen.

Zu §§. 70 fg. des Gesetzes:

§. 5. Genossenschaften, welche zugleich Handelsgesellschaften und daher in das Handelsregister einzutragen sind, werden in das besondere Genossenschaftsregister nicht eingetragen.

Die Verbindung des Genossenschaftsregisters mit dem Handelsregister findet, insoweit solche zu erfolgen hat, in der Weise statt, dass die in ein Folium des Handelsregisters einzuschreibende Genossenschaft in der ersten Rubrik des betreffenden Foliums als Genossenschaft bezeichnet wird.

§. 6. Die in §§. 14 bis 20, 22, 24, 25, 30, 33 und 35 der Verordnungen zu Ausführung des allgemeinen Deutschen Handelsgesetzbuchs und des Gesetzes vom 30. Oktober 1861, die Einführung des allgemeinen Deutschen Handelsgesetzbuchs betreffend, vom 30. Dezember 1861 (Seite 500 des Gesetz- und Verordnungsblattes vom Jahre 1861), sowie in der Verordnung, die Verlautbarung der kaufmännischen

Konkurse im Handelsregister betreffend, vom 7. März 1868 (Seite 108 des Gesetz- und Verordnungsblattes von diesem Jahre) in Betreff der Handelsregister gegebenen Vorschriften sind auf die Genossenschaftsregister analog dergestalt in Anwendung zu bringen, wie es den einschlagenden Bestimmungen des Gesetzes entspricht.

§. 7. Bei Führung der dem Handelsregister einzuverleibenden Folien des Genossenschaftsregisters sind die Vorschriften in §§. 26 bis 28 der im §. 6 dieser Verordnung erwähnten Ausführungsverordnung vom 30. Dezember 1861 mit den durch das Gesetz bedingten Modifikationen anzuwenden.

Insbesondere ist in die zweite Rubrik solcher Folien, dafern die betreffende Genossenschaft nicht Aktiengesellschaft ist,

1. die Angabe, ob die Zahl der Mitglieder und deren Haftpflicht beschränkt oder unbeschränkt ist,

2. dafern das Statut die Aufbringung eines bestimmten Gesellschaftskapitals vorschreibt, die Höhe des letzteren und, wenn den Mitgliedern im Statute die Bildung von Stammantheilen oder sonstige regelmässige Geldbeiträge auferlegt sind, eine darauf hinweisende allgemeine Bemerkung

einzutragen.

§. 8. In der ersten Rubrik eines jeden Foliums des getrennt vom Handelsregisters zu führenden Genossenschaftsregisters, welche die Ueberschrift „Name" erhält, sind der Name der Genossenschaft, deren Statut, spätere Abänderungen des letzteren, die Auflösung der Genossenschaft und der Beschluss, auf die juristische Persönlichkeit zu verzichten, einzutragen.

Bei der Eintragung des Statuts ist in der Weise zu verfahren, dass im Register

1. der Tag der Ausstellung des Statuts und, dafern die Genossenschaft beim Erlasse des Gesetzes die juristische Persönlichkeit bereits erlangt gehabt hat, der Tag der Ausstellung der Bestätigungsurkunde,

2. der Sitz der Genossenschaft,

3. eine allgemeine Bezeichnung des Zweckes der Genossenschaft, dafern derselbe nicht schon durch den Namen der Genossenschaft mit genügender Bestimmtheit angegeben ist,

4. die Dauer der Vereinigung, dafern eine solche im Voraus festgesetzt ist,

angegeben wird.

Bei Abänderungen des Statuts sind im Register

1. der Tag der Ausstellung der betreffenden Urkunde,
2. dafern die Abänderung die im vorigen Absatze unter Nr. 2 bis 4 gedachten Verhältnisse betrifft, eine den Gegenstand der abändernden Bestimmungen angebende Bemerkung, in anderen Fällen dagegen nur die Angabe, dass das Statut abgeändert worden sei,

einzutragen.

§. 9. In die zweite Rubrik eines jeden Foliums des getrennt vom Handelsregister zu führenden Genossenschaftsregisters, welche die Ueberschrift „Mitglieder" erhält, sind einzutragen:

a) bei Aktiengesellschaften

1. die allgemeine Bemerkung, dass die Aktieninhaber Mitglieder sind,
2. die Zahl und der Nominalbetrag der Aktien oder Aktienantheile,
3. die nach §. 41, Absatz 2 des Gesetzes gefassten Beschlüsse;

b) bei anderen Genossenschaften mit beschränkter Haftpflicht oder bei Genossenschaften mit unbeschränkter Haftpflicht

1. die Angabe, ob die Zahl der Mitglieder und die Haftpflicht derselben beschränkt oder unbeschränkt ist,
2. dafern das Statut die Aufbringung eines bestimmten Gesellschaftskapitals vorschreibt, die Höhe des letzteren und, wenn den Mitgliedern im Statute die Bildung von Stammantheilen oder sonstige regelmässige Geldbeiträge auferlegt sind, eine darauf hinweisende allgemeine Bemerkung;

c) bei Genossenschaften, deren Statut weder die Aufbringung eines Gesellschaftskapitals, noch regelmässige Mitgliederbeiträge bestimmt, eine darauf bezügliche Bemerkung;

d) bei Genossenschaften aller Arten die Abänderungen des Statuts in Betreff der vorstehend unter a, b und c erwähnten Verhältnisse.

§. 10. In die dritte Rubrik eines jeden Foliums des getrennt vom Handelsregister zu führenden Genossenschaftsregisters, welche die Ueberschrift „Vertreter" enthält, sind

die Namen und der Wohnort der legitimirten Vertreter des

Vorstands, die nach §. 76 des Gesetzes vom Gerichte einst-
weilen bestellten Vertreter und die Liquidatoren
einzutragen.

§. 11. Das Gericht, welches das Genossenschaftsregister oder das
Handelsregister mit dem Folium für die betreffende Genossenschaft
führt, kann vom Vorstande der Genossenschaft jederzeit die Vorlegung
der die Bei- und Austrittserklärungen enthaltenden Bücher oder Akten
der Genossenschaft verlangen.

§. 12. Als Gebühren sind

a) für die dem Gerichte nach §. 72, Absatz 1 des Gesetzes obliegenden Prüfung,

b) für jede Eintragung in das Genossenschaftsregister, einschliesslich der deshalb zu bewirkenden Benachrichtigungen und öffentlichen Bekanntmachungen,

nach Verhältniss der Mühwaltungen und des Umfangs des betreffenden
genossenschaftlichen Unternehmens je 1 bis 5 Thlr. zu erheben.

Für alle übrigen Arbeiten, welche das Gericht auf Grund des
Gesetzes sich zu unterziehen hat, sind die Gebühren nach den allgemeinen gesetzlichen Vorschriften in Ansatz zu bringen.

Für die Einträge in das Genossenschaftsregister ist Stempel nicht
zu verwenden. Dagegen unterliegen schriftliche Anmeldungen für das
Genossenschaftsregister dem Schriftenstempel und hat bei den mit der
Führung der Genossenschaftsregister verbundenen amtlichen Geschäften
die Stempelverwendung nach den allgemeinen gesetzlichen Vorschriften
zu geschehen.

§. 13. Die im §. 82, Absatz 2 des Gesetzes vorgeschriebenen Anzeigen sind stempelfrei und die daselbst angeordneten Einträge sind
gebührenfrei zu bewerkstelligen.

B.

Zu dem Bundesgesetze vom 4. Juli 1868.

§. 14. Nach dem Inkrafttreten des Bundesgesetzes sind Genossenschaften mit unbeschränkter Haftpflicht der Mitglieder, deren Name
oder Firma die zusätzliche Bezeichnung „eingetragene Genossenschaft"
enthält, auch dann in das Handelsregister einzutragen, wenn sie nicht
gewerbsmässig Handelsgeschäfte betreiben.

§. 15. Wenn zufolge der Art der Anmeldung einer Genossenschaft
mit unbeschränkter Haftpflicht der Mitglieder oder zufolge des Inhalts

des bei der Anmeldung eingereichten Statuts oder Gesellschaftsvertrags Zweifel darüber begründet erscheinen, ob die Genossenschaft sich als eine nach dem Bundesgesetze vom 4. Juli 1868 zu beurtheilende „eingetragene Genossenschaft" oder als eine nach dem im Eingange dieser Verordnung gedachten Gesetze vom 15. Juni 1868 zu beurtheilende Genossenschaft angesehen wissen wolle, so ist die Genossenschaft von dem Gerichte, bei welchem die Anmeldung erfolgt ist, da nöthig nach vorgängiger Verständigung, zur Abgabe einer Erklärung hierüber und zu der dieser Erklärung entsprechenden Erläuterung oder Ergänzung des Statuts oder Gesellschaftsvertrags aufzufordern und bis zu dessen Erfolge die weitere Verfügung auf die Anmeldung zu beanstanden.

§. 16. Der Name oder die Firma einer Genossenschaft, deren Statut oder Gesellschaftsvertrag den Bestimmungen des Bundesgesetzes vom 4. Juli 1868 nicht entspricht, darf die zusätzliche Bezeichnung „eingetragene Genossenschaft" nicht enthalten.

Diese Bestimmung tritt mit der Bekanntmachung der gegenwärtigen Verordnung in Kraft.

§. 17. Die Vorschriften in §§. 6 und 7 der gegenwärtigen Verordnung sind bei Führung der für „eingetragene Genossenschaften" bestimmten Folien des Handelsregisters in der Weise analog anzuwenden, wie es den einschlagenden Bestimmungen des Bundesgesetzes vom 4. Juli 1868 entspricht.

§. 18. In Betreff der nach dem Bundesgesetze vom 4. Juli 1868 vom Gerichte zu erlassenden Bekanntmachungen ist den Bestimmungen im §. 31 der Verordnung zu Ausführung des allgemeinen Deutschen Handelsgesetzbuchs u. s. w. vom 30. Dezember 1861 nachzugehen.

§. 19. Wenn das Handelsgericht den Vorstand der Genossenschaft oder die Liquidatoren zur Befolgung der im §. 66, Absatz 1 des Bundesgesetzes vom 4. Juli 1868 angezogenen Vorschriften durch Ordnungsstrafen anzuhalten hat, so sind dabei die Bestimmungen im §. 23 der obenerwähnten Ausführungsverordnung zum allgemeinen Deutschen Handelsgesetzbuche zur Anwendung zu bringen.

Dresden, am 23. Juli 1868.

Ministerium der Justiz.

Dr. Schneider. Rosenberg.

4.

An Act to consolidate

and amend the Laws relating to Industrial and Provident Societies.

(7th August 1862.)

Whereas by the Industrial and Provident Societies Act, 1852, it is enacted, that it shall be lawful for any Number of Persons to establish a Society under the Provisions thereof and of se therein-recited Act, for the Purpose of raising by voluntary Subscriptions of the Members thereof a Fund for attaining any Purpose or Object for the Time being authorized by the Laws in force with respect to Friendly Societies or by the said recited Act, by carrying on or exercising in common any Labour, Trade, or Handicraft, or several Labours, Trades, or Handicrafts, except the working of Mines, Minerals, or Quarries beyond the Limits of the United Kingdom of *Great Britain* and *Ireland*, and also except the Business of Banking, whether in the said United Kingdom or elsewhere; and that the said Act shall apply to all Societies already established for any of the Purposes herein mentioned, so soon as they shall conform to the Provisions hereof: And whereas by an Act passed in the Seventeenth and Eighteenth Years of Her present Majesty, Chapter Twenty-five, various Provisions were made for the better enabling legal Proceedings to be carried on in any Matter concerning the Societies formed under the said Act of 1852: And whereas the last-mentioned Act was amended by an Act passed in the First Session of the Nineteenth and Twentieth Years of Her present Majesty, Chapter Forty: 'And whereas various Societies have been formed and are now carrying on Business under the Provisions of the said recitod Acts, and it is desirable to consolidate and amend the Laws relating to such Societies: Be it therefore enacted by the Queen's most Excellent Majesty, by and with the Advice and Consent of the Lord Spiritual and Temporal, and Commons, in this present Parliament assembled, and by the Authority of the same, as follows:

1. The Industrial and Provident Societies Act, 1852, and the said recited Act for the *Amendment thereof*, are hereby repealed from the passing of this Act.

2. All Societies registered under the Industrial and Provident Societies Act, 1855, shall be entitled to obtain a Certificate of Registration on Application to the Registrar of Friendly Societies, and for which Certificate no Fee shall be payable to the Registrar.

3. Any Number of Persons, not being less than Seven, may establish a Society under this Act for the Purpose of carrying on any Labour, Trade, or Handicraft, wheter wholesale or retail, except the working of Mines and Quarries, and except the Business of Banking, and of applying the Profits for any Purposes allowed by the Friendly Societies Acts, or otherwise permitted by Law.

4. The Rules of every such Society shall contain Provisions in respect of the several Matters mentioned in the Schedule annexed to this Act.

5. Two Copies of the Rules shall be forwarded to the Registrar of Friendly Societies of *England, Scotland*, or *Ireland*, according to the Place where the Office of the Society is situated, and shall be dealt with by him in the Manner provided by the Friendly Societies Act, 1855; and he shall thereupon give his Certificate of Registration and such Certificate shall in all Cases be conclusive Evidence that the Society has been duly registered, and thereupon the Membres of such Society shall become a Body Corporate, by the Name therein described having a perpetual Succession and a Common Seal, with Power to hold Lands and Buildings, *with limited Liability.*

6. The Certificate of Registration shall vest in the Society all the Property that may at the Time be vested in any Person in trust for the Society; and all legal Proceedings then pending by or against any such Trustee or other Officer on account of the Society may be prosecuted by or against the Society in its registered Name *without Abatement.*

7. A Copy of the Rules shall be delivered by the Society to every Person, on Demand, on Payment of a Sum not exceeding One Shilling.

8. No Society shall be registered under a Name identical with that by which any other existing Society has been registered, or so nearly resembling such Name as to be likely to deceive the Members or the Public, and the Word „*Limited*" shall be the last Word in the Name of every Society registered under this Act.

9. No Membre shall be entitled, in any Society registered under this Act, to hold or claim any *Interest exceeding the Sum of Two hundred Pounds.*

10. Every Society registered under this Act shall paint or affix, and shall keep painted or affixed, its Name on the Outside of every Office or Place in which the Business of the Society is carried on, in a conspicuous Position, in Letters easily legible, and shall have its Name engraven in legible Characters on its Seal, and shall have its Name mentioned in legible Characters in all Notices, Advertisements, and other official Publications of such Society, and in all Bills of Exchange, Promissory Notes, Endorsements, Cheques, and Orders for Money or Goods purporting to be signed by or on behalf of such Company, and in all Bills of Parcels, Invoices, Receipts, and Letters of Credit of the Society.

11. If any Society under this Act does not paint or affix, and keep painted or affixed, its Name in manner directed by this Act, it shall be liable to a Penalty not exceeding Five Pounds for not so painting or affixing its Name, and for every Day during which such Name is not so kept painted or affixed; and if any Officer of such Society or any Person on its Behalf uses any Seal purporting to be a Seal of the Society whereon its Name is not so engraven as aforesaid, or issues or authorizes the Issue of any Notice, Advertisement, or other official Publication of such Society, or signs or authorizes to be signed on behalf of such Society any Bill of Exchange, Promissory Note, Endorsement, Cheque, Order for Money or Goods, or issues or authorizes to be issued any Bill of Parcels, Invoice, Receipt, or Letter of Credit of the Society, wherein its Name is not mentioned in manner aforesaid, he shall be liable to a Penalty of Fifty Pounds, and shall further be personally liable to the Holder of any such Bill of Exchange, Promissory Note, Cheque, or Order for Money or Goods, for the Amount thereof, unless the same is duly paid by the Society.

12. Every Society under this Act shall have a registered Office to which all Communications and Notices may be addressed: If any Society registered under this Act carries on Business without having such an Office, it shall incur a Penalty not exceeding Five Pounds for every Day during which Business is so carried on.

18. Notice of the Situation of such registered Office, and of any Change therein, shall be given to the Registrar, and recorded by him: Until such Notice is given the Society shall not be deemed to have complied with the Provisions of this Act.

14. The Rules of every Society registered under this Act shall

bind the Society, and the Members thereof, to the same Extent as if each Member had subscribed his Name and affixed his Seal thereto, and there were in such Rules contained a Covenant on the Part of himself, his Heirs, Executors, and Administrators, to conform to such Rules subject to the Provisions of this Act; and all Monies payable by any Member to the Society in pursuance of such Rules shall be deemed to be a Debt due from such Member to the Society.

15. The Provisions of the Friendly Societies Act shall apply to Societies registered under this Act in the following Particulars:

Exemption from Stamp Duties and Income Tax:

Settlements of Disputes by Arbitration or Justices:

Compensation to Members unjustly excluded:

Power of Justices or County Courts in case of Fraud:

Jurisdiction of the Registrar.

16. The Provisions of the Friendly Societies Act, 1854, whereby a Member of any Society registered thereunder is allowed to nominate any Persons to whom his Investment in such Society shall be paid, shall extend, in the Case of Societies registered under this Act, to allow any Member thereof to nominate any Persons into whose Name his Interest in such Society at his Decease shall be transferred: Provided nevertheless, that any such Society may, in lieu of making such Transfer, elect to pay to any Persons so nominated the full Value of such Interest.

17. Any Society registered under this Act may be wound up either by the Court or voluntarily, in the same Manner and under the same Circumstances under and in which any Company may be wound up under any Acts or Act for the Time being in force for winding up Companies; and all the Provisions of such Acts or Act with respect to winding up shall apply to such Society, with this Exception, that the Court having Jurisdiction in the Winding-up shall be the County Court of the District in which the Office of the Society is situated.

18. In case of the Dissolution of any such Society, such Society shall nevertheless be considered as subsisting, and be in all respects subject to the Provisions of this Act, so long and so far as any Matters relating to the same remain unsettled, to the Intent that such Society may do all things necessary to the winding up of the Concerns thereof, and that it may be sued and sue, under the Provisions of this Act, in respect of all Matters relating to such Society.

19. The Provisions of the Joint Stock Companies Acts as to Bills of Exchange and the Admissibility of the Register of Shares in Evidence shall apply to all Societies registered under this Act.

. 20. In the event of a Society registered under this Act being wound up, every present and past Member of such Society shall be liable to contribute to the Assets of the Society to an Amount sufficient for Payment of the Debts and Liabilities of the Society and the Costs, Charges, and Expenses of the Winding-up, and for the Payment of such Sums as may be required for the Adjustment of the Rights of the Contributories amongst themselves, with the Qualifications following; (that is to say,)

(1) No past Member shall be liable to contribute to the Assets of the Society if he has ceased to be a Member for a Period of One Year or upwards prior to the Commencement of the Winding-up:

(2) No past Member shall be liable to contribute in respect of any Debt or Liability of the Society contracted after the Time at which he ceased to be a Member:

(3) No past Member shall be liable to contribute to the Assets of the Society unless it appears to the Court that the existing Members are unable to satisfy the Contributions required to be made by them in order to satisfy all just Demands upon such Society:

(4) No Contribution shall be required from any Member exceeding the Amount (if any) unpaid on the Shares in respect of which he is liable as a past or present Member.

21. Any Society registered under this Act may be constituted a Company under the Companies Acts, by conforming to the Provisions set forth in such Act, and thereupon shall cease to retain its Registration under this Act.

22. Every Person or Member having an Interest in the Funds of any Society registered under this Act may inspect the Books and the Names of the Members at all reasonable Hours at the Office of the Society.

23. The Sheriff in *Scotland* shall within his County have the like Jurisdiction as is hereby given to the Judge of the County Court in any Matter arising under this Act.

24. A General Statement of the Funds and Effects of any Society registered under this Act shall be transmitted to the Registrar once

in every Year; and shall exhibit fully the Assets and Liabilities of the Society, and shall be prepared and made out within such Period, and in such Form, and shall comprise such Particulars as the Registrar shall from Time to Time require; and the Registrar shall have Authority to require such Evidence as he may think expedient of all Matters required to be done, and of all Documents required to be transmitted to him under this Act; and every Member of or any Depositor in any such Society shall be entitled to receive, on Application to the Treasurer or Secretary of that Society, a Copy of such Statement, without making any Payment for the same.

25. All Penalties imposed by this Act, or by the Rules of any Society registered under this Act, may be recovered in a summary Manner before Two Justices, as directed by an Act passed in the Eleventh and Twelfth Years of the Reign of Her present Majesty Queen *Victoria*, Chapter Forty-three, intituled *An Act to facilitate the Performance of the Duties of Justices of the Peace out of Sessions within* England *and* Wales *with respect to summary Convictions and Orders.*

26. This Act may be cited as „The Industrial and Provident Societies Act, 1862."

SCHEDULE

of Matters to be provided for in the Rules.

1. Object and Name, and Place of Office of the Society, which must in all Cases be registered as One of limited Liability.
2. Terms of Admissions of Members.
3. Mode of holding Meetings and Right of Voting, and of making or altering Rules.
4. Determination whether the Shares shall be transferable, and in case it be determined that the Shares shall be transferable, Provision for the Form of Transfer and Registration of Shares and for the Consent of the Committee of Management and Confirmation by the General Meeting of the Society; and in case Shares shall not be transferable, Provision for paying to Members Balance due to them on withdrawing from the Society.
5. Provision for the Audit of Accounts.
6. Power to invest Part of Capital in another Society; provided that no such Investment be made in any other Society not registered

under this Act, or the Joint Stock Companies Act, as a Society
or Company with limited Liability.

7. Power and Mode of withdrawing from the Society, and Provisions
for the Claims of Executors, Administrators, or Assigns of Members.

8. Mode of Application of Profits.

9. Appointment of Managers and other Officers, and their respective
Powers and Remuneration.

5.

Auszug aus dem Französischen Gesetz

vom 24. Julius 1867 „*sur les sociétés*“.

TITRE III.

Dispositions particulières aux sociétés à Capital variable.

48. Il peut être stipulé, dans les statuts de toute société, que le
capital social sera susceptible d'augmentation par des verse-
ments successifs faits par les associés ou l'admission d'associés
nouveaux, et de diminution par la reprise totale ou partielle
des apports effectués.

    Les sociétés dont les statuts contiendront la stipulation ci-
dessus seront soumises, indépendamment des règles générales
qui leur sont propres suivant leur forme spéciale, aux dispositions des articles suivants.

49. Le capital social ne pourra être porté par les statuts con-
stitutifs de la société *au-dessus de la somme de deux cent mille*
francs.

    Il pourra être augmenté par des délibérations de l'assem-
blée générale, prises d'année en année; chacune des augmen-
tations ne pourra être supérieure à deux cent mille francs.

50. Les actions ou coupons d'actions seront nominatifs, même après
leur entière libération; ils ne pourront être inférieurs à cin-
quante francs.

    Ils ne seront négociables qu'après la constitution défini-
tive de la société.

    La négociation ne pourra avoir lieu que par voie de trans-

fert sur les registres de la société, et les statuts pourront
donner, soit au conseil d'administration, soit à l'assemblée
générale, le droit de s'opposer au transfert.

51. Les statuts détermineront une somme *au-dessous* de laquelle
le capital ne pourra être réduit par les reprises des apports
autorisés par l'article 48.

Cette somme ne pourra être inférieure au *dixième du capital* social.

La société ne sera définitivement constituée qu'après le
versement du dixième.

52. Chaque associé pourra se retirer de la société lorsqu'il le
jugera convenable, *à moins de conventions contraires* et sauf
l'application du paragraphe Ier de l'article précédent.

Il pourra être stipulé que l'assemblée générale aura le
droit de décider, à la majorité fixée pour la modification des
statuts, que l'un ou plusieurs des associés cesseront de faire
partie de la société.

L'associé qui cessera de faire partie de la société, soit
par l'effet de sa volonté, soit par suite de décision de l'assemblée générale, restera tenu, *pendant cinq ans*, envers les associés et envers les tiers, de toutes les obligations existant au
moment de sa retraite.

53. La société, quelle que soit sa forme, sera valablement repré-
sentée en justice par ses administrateurs.

54. La société ne sera point dissoute par la mort, la retraite,
l'interdiction, la faillite ou la déconfiture, de l'un des associés;
elle continuera de plain droit entre les autres associés.

Druck von G. Bernstein in Berlin.

www.ingramcontent.com/pod-product-compliance
Lightning Source LLC
Chambersburg PA
CBHW030851270326
41928CB00008B/1316